STEFANIE CARLA
SCHÄFER

Now!

Mit Freude den eigenen Weg gehen

LEBE WILD,
FREI UND
WUNDERBAR

Scorpio

Inhalt

DURCHSCHAUE
ALTE MUSTER

GLAUBE AN DICH

Glaube an dich

ENTDECKE EIN NEUES
LEBENSGEFÜHL

Entdecke ein neues Lebensgefühl

Sei
EINZIG,
nicht artig!

Wir wachsen in unseren Breiten in relativem Wohlstand auf – und doch fühlen sich viele Menschen in einem Hamsterrad gefangen und sind nicht wirklich glücklich. Etwas fehlt.

Trotz Beruf, vielleicht auch einem wunderbaren Partner und sogar einem Reihenhaus bleibt da eine Sehnsucht. Die Routine hat sich eingeschlichen, Unzufriedenheit macht sich breit ... und irgendwo schlummert die Idee, dass es eigentlich »mehr« geben muss. Mehr Freiheit und Lebensfreude, intensivere Gefühle, größeren Genuss und ein tiefes Gefühl persönlicher Erfüllung. Möglicherweise fragst auch du dich:

- Ich funktioniere nur noch – wie kann ich wieder mehr Freude spüren?
- Wieso habe ich das Bedürfnis, so viel zu arbeiten/zu essen/mich ständig abzulenken?
- Warum fühle ich mich fremdbestimmt in meinem Leben?
- Wie kann ich mein Selbstwertgefühl stärken?
- Warum traue ich mich nicht, wütend zu werden?
- Warum ziehe ich scheinbar immer den falschen Partner an?
- Warum werde ich häufig ausgenutzt?
- Warum kann ich besser geben als annehmen?

- Wie kann ich mich besser abgrenzen?
- Was will mir meine Krankheit sagen?

Die wichtigste Frage lautet womöglich:

Wie werde ich endlich frei und kann das Leben leben, das ICH mir wünsche?

Ein Leben, das sich wild und frei und wunderbar anfühlt – weil es nach eigenen Regeln gestaltet wird.

Kennst du solche Gedanken? Dann geht es dir wie den meisten Menschen. Häufig werden sie verdrängt, weil wir Veränderungen scheuen. Nicht wenige von uns haben während des Aufwachsens die Prägung mit auf den Weg bekommen, bescheiden und zufrieden zu sein und so zu leben, wie man es von uns erwartet. Sei ein braver Junge, ein liebes Mädchen, sei bescheiden und artig.
Ich möchte dir vorschlagen, ein »einzig« vor das »artig« zu setzen. Denn du bist in der Tat einzigartig, und du hast ein ebensolches Leben verdient. Vielleicht hast du auch eigentlich gar keine Lust mehr auf das »artig«, wenn du ehrlich zu dir bist. Möglicherweise sehnt sich

etwas in dir danach, auszubrechen, wild und frei zu sein – aber es traut sich noch nicht. Wie wäre es, dich auf das zu konzentrieren, was dich einzig macht! Denn genau diese Teile in dir möchten endlich leben. Sie stehen für deine Sehnsucht, die dich zu diesem Buch hat greifen lassen. Nimm sie ernst, diese Sehnsucht, denn sie kann dich wie ein Leuchtturm zu größerer Erfüllung führen, zu einem authentischen und glücklichen Leben.

Starte deine Reise

Dieses Buch möchte dich auf deiner Reise zu innerer und äußerer Freiheit begleiten. Es möchte dir helfen, dich im jetzigen Moment zu verstehen und es möchte dich stärken und ermuntern, deiner inneren Wahrheit zu folgen und dir das wunderbare Leben zu erschaffen, von dem du träumst. Denn genau das hast du verdient!

Aus eigener Erfahrung kann ich dir versichern, dass diese Transformation nicht nur möglich und lohnenswert ist, sondern dich dein Leben ab einem bestimmten Punkt aus einer ganz neuen Perspektive verstehen lässt. Alles hat seinen Sinn. Nicht nur ich selbst, sondern eine Reihe von Menschen, die mir auf meinem Weg begegnet sind und deren Beispiele du später lesen wirst, haben erlebt, wie sich persönliche Herausforderungen letztlich als Schlüssel zu innerem Wachstum, Glück und Entfaltung entpuppt haben.

Damit du dauerhaft positive Veränderungen in deinem Leben bewirken kannst, bauen die drei Teile des Buches aufeinander auf und unterstützen dich Schritt für Schritt auf deinem Weg.

In Teil 1 **Durchschaue alte Muster** werfen wir einen Blick auf Muster und Prägungen, die dich vielleicht bislang noch davon abgehalten haben, dich frei zu fühlen und auch so zu leben. Darauf aufbauend geht es in Teil 2 **Glaube an dich!** um die Stärkung deines Selbstvertrauens und deines Glaubens an dich und dein Potenzial. In Teil 3 **Entdecke ein neues Lebensgefühl** schließlich widmen wir uns deiner freien Entfaltung mit allem, was dazugehört.

Jeder Schritt ist wichtig und wertvoll und du allein bestimmst, wie und in welchem Tempo du ihn gehst.

Ich wünsche dir ganz viel Freude, Leichtigkeit und Erfolg auf deiner Reise zu persönlicher Freiheit. Sei gewiss: Dein Ja zu dir und deiner Wahrheit dient nicht nur deinem persönlichen Glück, sondern wird auch die Welt als Ganzes bereichern!

DURCHSCHAUE ALTE MUSTER

Von der
RAUPE
zum Schmetterling

Kennst du dieses Gefühl, dass etwas in dir aufwachen möchte?

Es ist zunächst schwer zu fassen – und doch sagt dir deine Intuition sanft und deutlich zugleich, dass da etwas auf dich wartet, dass dein Leben sich wandeln möchte. Einfach, weil etwas Neues ansteht – wie der Frühling nach dem Winter.

Dein Leben ist vielleicht auch jetzt ganz in Ordnung – mal abgesehen von ein paar Baustellen, die eigentlich jeder hat, und dem üblichen Auf und Ab des Lebens. Aber du weißt genau: Das war noch nicht alles. Noch lange nicht!

Wenn du dieser Ahnung nachgehst, spürst du eine Freude in dir aufsteigen, eine Leichtigkeit. Vielleicht siehst du auch schon manchmal blitzartig innere Bilder von einer zukünftigen Version von dir und deinem Leben. Sie zeigen dir Freiheit, Lebendigkeit, Entfaltung. Du spürst genau: Da will ich hin! Dabei ist es gar nicht so, dass du diesen Wandel durch fleißiges Tun bewusst herbeiführen müsstest. Es ist vielmehr so, dass etwas in dir wachsen möchte.

So wie die Raupe in ihrem Kokon irgendwann merkt, dass es ihr dort zu eng wird und sie bald schlüpfen will, um ihr Leben auf eine neue und freiere Art zu leben. Genauso möchte auch deine Seele wachsen und sich entfalten.

Der Kokon der Komfortzone

Was für den Schmetterling der Kokon ist, ist für uns Menschen unsere persönliche Komfortzone – und die hat durchaus viele Qualitäten. Was wir kennen, schenkt uns Sicherheit. Da sind die äußeren Umstände wie unser Beruf, unsere Kollegen, unsere Aufgaben. Auch unser privater Rahmen mit unserer Familie, unseren Freunden, vielleicht auch unseren Hobbys und Ritualen gibt uns ein Gefühl von Vertrautheit. Das ist die angenehme Seite der Medaille. Keine Bange, die brauchst du auch gar nicht aufzugeben!

Andererseits kann ein lebenslanges Verharren in der ursprünglichen Komfortzone auch zu Langeweile, Bequemlichkeit und Frustration führen. Vielleicht fühlt sich dein Leben dort auf einmal zu eng an und du wünschst dir mehr Raum, hast das Gefühl, nur noch zu funktionieren. Du vermisst dein Feuer, deine Lebendigkeit. Oder du spürst irgendwann durch eine richtige Krise, dass dir etwas fehlt, was du innerhalb deiner Komfortzone nicht findest. Du beginnst zu suchen, fängst an, Fragen zu stellen, möchtest verstehen, was es mit dem Leben auf sich hat. Du streckst deine Fühler aus dem Kokon.

Ohne dass es dir in diesem Stadium bewusst wäre, hat die Transformation zum Schmetterling bereits begonnen.

Funktionieren
ALLEIN
macht nicht glücklich

Täglich gehen viele Angestellte an ihren Arbeitsplatz und verrichten dort treu ihre Aufgaben, zeigen Einsatz und leisten Überstunden – und fühlen sich doch innerlich zunehmend leer dabei.

Ähnliches spielt sich auch in manchen Beziehungen ab. Der Zauber des Anfangs ist zunehmender Routine gewichen, die Partner versuchen, gut als Eltern und Familie zu funktionieren und allen damit verbundenen Anforderungen gerecht zu werden.

Irgendwann hat der Alltag viele von uns fest im Griff.

Na klar, ab und zu meldet sich die innere Stimme mit dem Wunsch nach mehr Freiheit und Selbstbestimmung, man fasst gute Vorsätze und wüsste auch gern einen Ausweg aus dem Funktionier-Modus. Aber wer hat denn heute noch Zeit für neue Wege? Schließlich sind da

all die Termine und das Leben muss schließlich auch bezahlt werden …

Dabei ist eine Arbeitsstelle, die man seit vielen Jahren kennt, deren Aufgaben vertraut sind und deren Ausführung ein sicheres Einkommen liefert, eigentlich prima. Eine langjährige Partnerschaft, in welcher gemeinsam Höhen, Tiefen und Verbundenheit erlebt wurden, schenkt ebenfalls ein Gefühl von innerer Heimat und Zugehörigkeit.

Problematisch wird es erst, wenn das Gefühl entsteht, im Leben eigentlich nicht die eigene Wahrheit auszudrücken, sondern nur noch äußere Erwartungen zu erfüllen. Ein Leben nach fremden Werten macht nicht glücklich. Funktionieren allein ist der Nährboden für Langeweile und Frustration.

Bildlich gesprochen ist es so, als ob man sich mit dem Sparmenü des Lebens zufrieden gibt, obwohl man eigentlich vom »All you can eat«-Buffet träumt und ahnt, dass man dies vielleicht sogar haben könnte.

Das Sparmenü des Lebens schmeckt nicht nur eintönig und lässt Abwechslung vermissen, es liefert auch nicht die nötigen Vitamine wie Freude und Sinn, die wir für ein glückliches Leben brauchen. Früher oder später kommt es zu Mangelerscheinungen.

Alles ändern?

Wenn du nun merkst, dass es dich nicht glücklich macht, nur zu funktionieren, und dein bisheriges Leben leid bist, scheint es verlockend, einen Schlussstrich zu ziehen. Ich kündige meinen Job, ich verlasse meinen Partner, ich erobere die Welt. Solche radikalen Schritte sind heutzutage gar nicht ungewöhnlich, leben wir doch in einer Zeit mit mehr Möglichkeiten als je zuvor. So kombinieren mittlerweile nicht wenige Menschen ihre Lust auf Freiheit und Reisen mit ortsunabhängigem Arbeiten über das Internet.

Aber nicht jeder hat Lust, ein digitaler Nomade zu werden und mit dem Laptop unter Palmen zu sitzen. Vielleicht macht es dir auch Angst, große Veränderungen vorzunehmen, was absolut verständlich wäre.

Die gute Nachricht lautet in beiden Fällen:

Persönliche Freiheit beginnt im Innern. Nachhaltige Veränderung im Außen geschieht dann oft eher in kleinen Schritten.

Ausstieg aus dem Hamsterrad
DIE ERSTEN SCHRITTE ZUR VERÄNDERUNG

Praxisanleitung

Vertraue darauf: Wenn du innerlich eine klare Absicht triffst, von nun an deiner eigenen Wahrheit zu folgen und so die Veränderung im Innern beginnst, werden sich die Veränderungen im Außen nach und nach organisch ergeben.

- Der Gedanke ist der Same der Tat. Durch deine Entscheidung für dich und deine Wahrheit stellst du die Weichen für dich und deine Zukunft. Schreibe dieses Versprechen feierlich auf, denn das geschriebene Wort ist der erste Schritt zur realen Umsetzung: Ich verspreche mir, meiner eigenen Wahrheit zu folgen. Ich wünsche mir…
Notiere dann alles, was dein Herz dir eingibt, jedes Detail, wie du dir dein Leben wirklich vorstellst. Schreib einfach drauflos, ohne Zensur. Als ob die gute Fee alles möglich machen würde.

> **Deine innere Stimme möchte Ausdruck finden und durch diese Übung kann sich eine erste Tür öffnen.**

- Nimm dir zunächst einmal kleine Auszeiten nur für dich, in denen du auch räumlichen Abstand gewinnst vom Alltag. Vielleicht kannst du mal ein oder zwei Tage aufs Land fahren? Gehe raus in die Natur, lenk dich möglichst in dieser Zeit nicht durch Smartphone und Internet ab. Dann wirst du besser in Kontakt mit deiner inneren Stimme kommen und ihre Ideen deutlicher vernehmen können.

- Beobachte dich, sei achtsam und neugierig im Alltag. Das Problem, wenn wir unter der Routine leiden, ist ja oft die Identifikation damit; das Gefühl, nur in dieser Rolle zu existieren. Aber du bist noch viel mehr! Halt öfter mal inne, um dir dies bewusst zu machen. Vielleicht bist du tagsüber ein Bürohengst, aber nachts auf der Tanzfläche ein Partylöwe? Oder tagsüber die Krankenschwester auf Station und im Urlaub erkundest du mutig den Dschungel Australiens?

- Schreib Tagebuch und nimm dies überall hin mit. Das verbindet dich immer mit dir, auch im Alltag. Schreiben ist ein Tor zu deinen inneren Welten. Neben allem, was dich momentan beschäftigt, notiere auch deine Träume und Visionen und beschreibe jede noch so verrückte Idee in den buntesten Farben – das macht nämlich schon beim Schreiben Spaß und du wirst mehr und mehr vertraut damit, was du selbst wirklich willst und worauf du Lust hast!

- Erstelle eine Liste mit Tätigkeiten, Songs und Bildern, durch die du dich lebendig und leicht fühlst. Vielleicht magst du auch eine Fotocollage erstellen, die du jeden Tag siehst – gespickt mit inspirierenden Bildern? Vergiss nicht, ein Bild von dir selbst in die Mitte zu kleben! Du kannst diese Bilder auch auf dein Handy laden oder als Bildschirmschoner für deinen Computer nutzen.

»Was man lernen muss, um etwas zu tun,
das lernt man, indem man es tut.«
Aristoteles

Was uns zum
BRAVSEIN
motiviert

Auch wenn sich der eine oder andere Gedanke regt, der uns auf den Wunsch nach größerer innerer und äußerer Freiheit aufmerksam macht – diese Gedanken tatsächlich in die Tat umzusetzen ist ein Schritt, den viele Menschen zunächst noch scheuen.

Das ist durchaus verständlich, bedenkt man die Tatsache, dass wir Menschen ein biologisch begründetes Sicherheitsbedürfnis haben. Solange wir nicht genau wissen, wie die Alternative aussehen könnte, bleibt unser Leben meist, wie es ist. Denn das kennen wir immerhin!

Doch das ist bei weitem nicht der einzige Grund. Bevor wir den Schritt ins Ungewisse wagen, hält uns häufig gleich eine ganze Liste von Argumenten im Status quo – der ja vielleicht doch gar nicht so schlecht ist?

Vermutlich kennst auch du manche der folgenden Gedanken:

Verantwortung

»Ich würde ja gerne mehr Freiheit haben, aber ich trage Verantwortung – für meine Familie, meine Partnerschaft, meine Kunden, meine Angestellten, meine Hypothek ….« Allzu viele Verbindlichkeiten und ein großes Pflichtbewusstsein scheinen den persönlichen Freiraum nicht nur zu sichern, sondern oft auch einzuschränken.

Eine sichere Existenz ist das A und O

»Eine gute Ausbildung und ein fester Job mit Sozialversicherung und Rentenansprüchen ist die Grundlage für ein solides Leben«: Dieses Argument kennen die meisten jungen Leute aus Gesprächen mit ihren Eltern und es ist ein Punkt, der bestimmt nicht von der Hand zu weisen ist. Vielleicht fühlst du dich in diesem Beruf nicht frei, aber immerhin sicher!

Äußere Anerkennung

»Aus dir soll schließlich mal was werden«, hörten viele Menschen bereits im Kindesalter und bemühen sich redlich, diesem elterlichen Wunsch nachzukommen. Einen Beruf mit gesellschaftlichem Status, vielleicht auch eine Position, die erst einmal hart erarbeitet werden musste, gibt man natürlich nicht gleich auf zugunsten größerer Freiheit! Dann lieber angepasst und anerkannt bleiben als möglicherweise zu riskieren, dass die Wertschätzung von außen erst einmal ausbleibt.

»Was sollen denn die Nachbarn denken?«

Ein ganz beliebtes Argument, das vielen von uns auch noch aus Kindertagen bekannt sein dürfte. Warum ist es denn eigentlich so wichtig, was die anderen Leute denken? Ist es nicht wichtiger, was wir selbst von uns denken? Dem Wunsch nach Anpassung liegt sicherlich auch ein Stück weit der biologisch begründbare Wunsch nach Zugehörigkeit zu einer

Gemeinschaft zugrunde. Aber nicht um jeden Preis, oder?

Die Erwartungen der anderen

Hier im Westen leben wir sehr nach äußeren Werten. In der Erziehung der meisten Menschen werden – wenn auch oft unbewusst – elterliche Erwartungen vermittelt. Als Kinder versuchen wir diese natürlich zu erfüllen. Und was früher vielleicht von den Eltern erwartet wurde, übernehmen später dann nicht selten auf ähnliche Weise andere Darsteller im Spiel des Lebens: der Partner/die Partnerin, die eigene Familie, der Chef, die Leistungsgesellschaft … Gar nicht so einfach, da herauszukommen!

» Ich kann doch nicht einfach machen, was ich will «

Denn: Wo kämen wir hin, wenn jeder das täte? Auch ein Satz, den bestimmt nicht wenige Menschen aus Kindertagen kennen. Auf gesunde Art machen zu können, was wir wollen, und die eigene Wahrheit zum Ausdruck zu bringen, ist einerseits ein Grundbedürfnis, beschränkt sich im praktischen Leben aber oft auf einen überschaubaren Rahmen. Doch muss das tatsächlich so sein?

Hast du dich hier und da wiedergefunden? Alle Argumente sind sehr menschlich und nachvollziehbar, finde ich. Es ist gut, wenn du für dich überprüfst, welche dieser Glaubenssätze oder inneren Überzeugungen – vielleicht bewusst, vielleicht unbewusst – in dir wirken, und ob du tatsächlich willst, dass sie dein Leben bestimmen und dich davon abhalten, dich in kleinen Schritten auf den Weg zu größerer persönlicher Freiheit zu begeben!

Denn bei näherer Betrachtung wird klar, dass die meisten Argumente sich auf zwei Größen beziehen, die dich allein niemals glücklich machen werden:

- **Das Außen**
- **Die Vergangenheit**

Persönliche Freiheit beginnt im Inneren.
Deshalb lade ich dich ein, dort zu beginnen.

»Und plötzlich weißt du,
es ist Zeit, *etwas* NEUES
zu beginnen und dem
Zauber des Anfangs zu vertrauen.«

Meister Eckhart

BEGINNE,
wo du *bist*

Der wichtigste erste Schritt, der die Basis der Reise zur inneren Freiheit darstellt, ist freundliche Annahme des Status quo.

Du bist wunderbar in Ordnung, so wie du jetzt gerade bist. Mit allen deinen Mustern und Eigenschaften, deinen Gefühlen, deinen Stärken, Schwächen und Sehnsüchten bist du liebenswert, einzigartig und wertvoll.

Alles an dir ist in Wahrheit in Ordnung, auch wenn dir dein Kopf vielleicht manchmal etwas anderes sagt. Stimmt aber nicht! Du bist genau richtig, so wie du hier und heute bist.

Selbstakzeptanz ist nicht nur deshalb so wichtig, weil sie dazu führt, dass du dich sofort besser fühlst. Sie ist auch die Voraussetzung, damit Veränderung stattfinden kann.

Der Status quo: Hier geht es los

Der Status quo ist der Ausgangspunkt deines Weges und genauso wertvoll wie das Ziel. Der Zustand, wie du jetzt bist und wie du dich jetzt fühlst, ist Teil deiner Entwicklung.

Das mag wenig tröstlich klingen, wenn du dich vielleicht gerade unzufrieden oder un-frei fühlst, aber genau durch diesen Zustand entsteht oft erst die klare Vision von Freiheit und Entfaltung. Der Status quo ist der Nährboden für Entwicklung, und gerade schwierige Zeiten sind so etwas wie der Dünger. Nur Mut, falls du aktuell in einer solchen Phase stecken solltest, denn diese geht ganz sicher vorüber. Es wird ein Zeitpunkt in deinem Leben kommen, wo du glücklich zurückblickst und erkennst, dass dein damaliges Empfinden der Schlüssel zur Veränderung war!

Wir könnten das Gefühl persönlicher Freiheit und Lebensfreude gar nicht so zu schätzen wissen, wenn wir zu einem früheren Zeitpunkt nicht auch das Gegenteil gefühlt hätten. Das kann ich dir aus eigener Erfahrung versichern!

Außerdem können wir im Spiel des Lebens nicht schummeln. Wer den Ausgangspunkt und den Weg überspringen möchte, um direkt am Ziel zu sein, landet früher oder später wieder am Startpunkt – wie beim »Mensch ärgere dich nicht«!

Keine Sorge, du bist nicht allein auf deinem Weg. Ich möchte dir nun ein paar Anregungen geben, wie freundliche Annahme des Status quo gelingen kann, auch wenn dieser uns erst mal nicht wirklich gefällt.

> »Der Lotus gedeiht am schönsten im tiefen Schlamm.«
> **Östliches Sprichwort**

Du bist GENAU RICHTIG –
und du kannst wachsen und dich verändern, wenn du willst.

Annahme als
SCHLÜSSEL
zur Veränderung

Es gibt mehrere Komponenten, die Selbst-annahme möglich machen. Zunächst einmal geht es darum, zu erkennen, dass unsere inneren kritischen Stimmen sich ursprüng-lich durch äußere Vorstellungen von »rich-tig« und »falsch« gebildet haben – und somit eigentlich nicht unsere eigenen sind.

Warum sich der innere Kritiker entwickelt

Stell dir vor, wie es wäre, in einer Welt zu leben, in der alles sein dürfte. Egal ob dick oder dünn, arm oder reich, traurig oder freudig, jeder Mensch könnte einfach so sein, wie er ist. Die Konsequenz wäre, dass wir gar nicht auf die Idee kämen, dass etwas an uns nicht in Ord-nung sein könnte! Gegenseitiger Respekt und Selbstakzeptanz wären gar kein Thema, sondern selbstverständlich.

Leider bekommen wir im echten Leben schon früh auf verschiedenen Kanälen mitgeteilt, wie wir sein und uns verhalten sollten, um allge-mein anerkannt zu werden: klug und fleißig, gut gelaunt und positiv, schlank und attraktiv, erfolgreich und selbstbewusst etc., etc.

Weil jeder von uns sich geliebt fühlen möchte, strengen wir uns an, um in diese Schablone zu passen, sagen brav Ja, obwohl wir lieber Nein sagen würden, machen Diäten, disziplinieren unseren inneren Schweinhund, verbiegen uns im Job … und verurteilen uns, wenn wir mal nicht funktionieren, Speckröllchen am Bauch haben, uns erfolglos und verlassen fühlen. Wir haben also äußere Vorstellungen übernommen, wie man zu sein hat, um geliebt zu werden und im Leben zu bestehen. Als Kinder waren das die elterlichen Ideen und später kamen obendrauf die gesellschaftlichen Vorstellungen sowie eine tägliche Bilderflut aus den Medien.

Lerne, auf die Stimme deiner inneren Weisheit zu hören.

Zum Glück sind diese kritischen inneren Stim-men nur ein Teil von dir.

Dahinter schlummert ein Teil, der noch viel wichtiger und weitaus weiser ist, nennen wir ihn einfach mal deine Seele. Wenn du auf ihre Stimme hörst, bist du immer auf dem richtigen Weg, denn sie zeigt dir deine Wahrheit!

Dies ist der zweite wichtige Aspekt auf dem Weg der Selbstannahme: die Konzentration auf das, was dir guttut und dir den Rücken stärkt. Die Stimme deiner Seele weiß genau:

- welche Tätigkeiten dich im Herzen erfüllen,
- bei welchen Menschen du so sein kannst, wie du bist,
- wo deine Stärken und Potenziale liegen,
- wie wertvoll und einzigartig du in Wahrheit bist.

Anders formuliert geht es darum, die Stimme des Egos (zu welchem der so genannte innere Kritiker gehört) von der Stimme der inneren Weisheit (deiner Seele) zu unterscheiden.

So wächst das Ja zu dir selbst:

- Entlarve den inneren Kritiker, identifiziere dich nicht mit seinem Geplapper. Entwickle lieber einen inneren besten Freund. Verbinde dich mit dem weisen Teil in dir – er ist immer präsent, wenn du Tätigkeiten nachgehst, bei denen du dich gut fühlst.

- Richte deinen Fokus auf deine Stärken und das, was dir guttut. Gib dem Angenehmen mehr Gewicht, dann schaffst du eine Basis, um das zu integrieren, was du vielleicht derzeit noch ablehnst. Frage dich aber auch, was das, was du ablehnst, dich möglicherweise lehren möchte.

- Sei es dir wert, dich mit Menschen zu umgeben, die dich so annehmen, wie du bist. Ein freundliches Umfeld macht es viel leichter, sich gut zu fühlen und anzunehmen – und sich gegebenenfalls auch zu verändern, wenn du das tatsächlich möchtest!

- Folge deiner Sehnsucht. Nimm dir Zeit, um herauszufinden, wofür du innerlich wirklich brennst. Wenn du dem folgst, werden du und dein Leben automatisch in Fluss kommen.

Das folgende Beispiel zeigt, wie ein solcher Prozess aussehen kann:

Lucy arbeitet seit 15 Jahren als Steuerfachangestellte in einer großen Kanzlei. Nach dem Abitur wollte sie eigentlich erst mal für ein paar Monate mit dem Rucksack durch Thailand reisen, aber dann ergab sich kurzfristig die Möglichkeit der soliden Ausbildung und auf das Drängen ihrer besorgten Eltern trat Lucy ihre Tätigkeit in der Kanzlei an.

Die Routine in ihrem Job langweilt sie mittlerweile sehr, auch wenn dieser ihr Sicherheit schenkt. Immer wieder fragt sich Lucy, wie es wäre, zu kündigen und einfach auszuwandern, irgendwohin, wo die Sonne scheint und die Leute mehr lachen. Sie hat das dringende Gefühl, dass dieses Dasein zwischen Akten, Kopierer und Urkunden noch nicht alles gewesen sein kann, und ärgert sich manchmal, dass sie nicht damals wie ihre Freundinnen in die Welt hinaus gezogen ist. Diesen Frust über die Langeweile betäubt sie gerne mit zu viel Essen, was sie dann noch mehr ärgert …

In einem Workshop hört sie zum ersten Mal vom inneren Kritiker und begreift auf einmal, dass sie ihr Leben lang nach fremdem Werten gelebt hat. Sie stellt sich den Tatsachen in ihrem Leben und beginnt, auf emotionaler Ebene aufzuräumen. Sie erkennt, dass sie früher mit dem ganzen Essen ihre Lebendigkeit betäubt hat, um in ihrer alten Rolle zu bleiben und unbewusst den Erwartungen ihrer Eltern gerecht zu werden.

Doch auch wenn diese Erkenntnis im ersten Moment schmerzhaft ist, wird sie begleitet durch eine neue Klarheit und einen inneren Ruf: Sag endlich Ja zu dir selbst – deine Seele verlangt schon lange etwas anderes!

Lucy hat das Gefühl, aus einem langen Schlaf aufzuwachen. Die junge Frau versteht, dass der Status quo ein Aufruf zur Veränderung in ihrem Leben ist. Sie hat ihr Leben bislang so gut gelebt, wie sie konnte, aber jetzt ist es Zeit, ihren eigenen Werten zu folgen.

Statt zu essen entwickelt Lucy nun eine neue Aktivität: Jeden Abend übt sie sich in ihrer »kreativen Stunde«, wie sie es nennt: Im Internet recherchiert sie Urlaubsziele, die sie interessieren. Außerdem beginnt sie, sich ein Vision-Board zu basteln, und klebt Bilder darauf, wie sie sich ihr Leben wirklich vorstellt. (Im dritten Teil des Buches findest du übrigens eine genaue Anleitung, wie du das auch tun kannst.) Auf diesem Weg entdeckt sie eine neue Energie in sich, die sie aus der Monotonie ihres Alltags reißt. Jetzt ist die Zeit reif!

Mittlerweile hat Lucy die grauen Kostüme gegen bunte Strandpareos eingetauscht und berichtet als Reisebloggerin aus Ländern meist südlich des Äquators. Der erste Satz auf ihrer Website lautet: »Du glaubst nicht, wer ich früher war …«

So wie Lucy hat jeder Mensch seine individuelle Geschichte. Diese zu begreifen und auf emotionaler Ebene aufzuräumen ist der erste Schritt in ein wildes, freies und wunderbares Leben.

Die eigene
PRÄGUNG
durchleuchten

In diesem Kapitel begeben wir uns auf einen kleinen Exkurs in die Vergangenheit, um herauszufinden, was möglicherweise hinter dem Bravsein und dem Bedürfnis nach Anpassung steckt.

Es ist Teil des Menschseins, dass jeder von uns im Aufwachsen durch verschiedene Einflüsse eine ganz individuelle Prägung erfährt. An erster Stelle stehen dabei meist die Eltern als engste Bezugspersonen, dann der Rest der Familie, das persönliche Umfeld, die Umgebung, die sozialen und kulturellen Bedingungen und so weiter.

Frühe Prägungen erkennen

Gehen wir einmal davon aus, dass ein Baby auf einer bestimmten Ebene wie ein unbeschriebenes Blatt ist. Es wird in seinem Leben von der ersten Minute an mit allerlei intensiven Eindrücken konfrontiert, die relativ ungefiltert auf das Kind einwirken. Bekanntlich sind diese Eindrücke umso prägender, je früher sie entstehen. Tatsächlich weiß man heute, dass bereits der Embryo im Mutterleib davon beeinflusst wird, was die Schwangere erlebt.

Lange bevor wir also bewusst anfangen zu denken, fühlen wir mit allen Sinnen, was sich in unserer nächsten Umgebung abspielt. Gerade in der ersten Lebensphase kommt es dabei vor allem auf eine wichtige Frage an: Fühlen wir uns sicher oder nicht? Sind wir geborgen, gut versorgt und beschützt oder vielleicht auch das Gegenteil: allein, unsicher, in Hab-Acht-Stellung?

Diese ersten Empfindungen von Sicherheit sind maßgeblich für unser späteres Verhalten in der Welt.

Jeder will sich sicher und geliebt fühlen

Stell dir ein kleines Kind vor, das geliebt werden möchte. Um sich sicher zu fühlen, wird es versuchen, sich seiner unmittelbaren Umgebung und deren Bedingungen anpassen, denn es kann alleine nicht überleben und ist abhängig davon, von anderen versorgt zu werden. Es wird Mama und Papa glücklich machen wollen, damit sie ihm Sicherheit und Liebe schenken – eine einfache und logische Strategie, die von ganz vielen Menschen als Kind erlernt wurde! Auch in vielen erwachsenen Menschen ist dieses Programm noch aktiv. Frühe Erfahrungen sind oft unbewusst und wirken gerade deshalb so intensiv. Vor der bewussten Auseinandersetzung mit ihrer Vergangenheit denkt es deshalb in den Köpfen vieler erwachsener Menschen heute noch: *Ich muss mich richtig verhalten, um geliebt zu werden!*

Zu dieser ersten, grundlegenden Anpassungsstrategie, über die wir versuchen, für Sicherheit und Geliebtwerden zu sorgen, kommt in den

folgenden Jahren die Tatsache hinzu, dass es kein perfektes Leben gibt, in dem immer alles rund läuft. Jeder von uns wird früher oder später mit Erfahrungen konfrontiert, die nicht angenehm sind. Und wieder beginnen wir Strategien zu entwickeln, um Unsicherheit und Mangel nicht zu fühlen: Wir bemühen uns, alles perfekt zu machen, arbeiten zu viel, entwickeln vielleicht ein bestimmtes Suchtverhalten, suchen Glück in Beziehungen und nicht wenige Menschen passen sich den Anforderungen des Partners, des Chefs oder anderer äußerer Instanzen an, um nicht kritisiert zu werden. Wir bemühen uns einfach gut zu funktionieren und das ist sehr menschlich. Letztlich sind alle diese Strategien Versuche, unangenehme Empfindungen zu vermeiden. Wir möchten leben, nicht leiden – und tun einiges dafür!

Manchmal sind wir eben angepasst und nicht frei – zugunsten eines ursprünglichen Sicherheitsbedürfnisses. Dies erst einmal anzuerkennen ist ein wichtiger Schritt auf dem Weg zu dir selbst.

Vater und Mutter
IN UNS
erkennen

Unsere Eltern sind unsere ersten Lehrer. Sie schenken uns das Leben und bieten uns gleichzeitig die erste Schule dafür. Durch unsere Eltern wird unser Blick auf die Welt geprägt, ebenso unsere Gefühle und unsere eigene männliche und weibliche Seite. Dank Mutter und Vater bekommen wir eine Idee, wer wir sind – oder manchmal auch, wie wir sein sollen.

Deine Eltern werden dich innerlich dein Leben lang begleiten. Auf dem Weg in dein eigenes Glück und deine persönliche Freiheit ist es deshalb wichtig, emotionale Klarheit, freundliches Bewusstsein und in manchen Fällen auch Frieden in eure Beziehung zu bringen. Dieser Prozess braucht erfahrungsgemäß eine ganze Menge Zeit. Dabei kann auch die Erkenntnis wachsen, dass Eltern meist versuchen, in der Erziehung alles richtig zu machen, gleichzeitig aber Stärken und Schwächen haben wie alle Menschen.

Erst durch eine ehrliche Auseinandersetzung mit allen Sonnen- und Schattenseiten der Beziehung zu deinen Eltern wirst du emotional frei für dein eigenes Leben.

Es geht dabei um ein Auflösen all dessen, was dich innerlich noch unfrei fühlen lässt. Auf den nächsten Seiten findest du Anregungen und Übungen dafür.

Bei der emotionalen Auseinandersetzung mit deinen Eltern gilt es, zwei Fallen zu vermeiden.

Die Falle der Perfektion

Viele Menschen halten ihr Leben lang an dem Bild ihres idealen Elternhauses fest. Im Nachhinein erinnert man sich als Erwachsener verständlicherweise lieber an schöne Momente, auch was Vater und Mutter betrifft, und blendet andere Aspekte aus. Das ist menschlich und nachvollziehbar und ich glaube auch, dass die meisten Eltern versuchen, ihr Bestes zu geben. Allerdings sind wir alle Menschen und als solche haben wir ausnahmslos Stärken und Schwächen, gute und schlechte Momente. Jedes Kind wird im Aufwachsen früher oder später mit den Polaritäten des Lebens konfrontiert und erlebt angenehme und auch unangenehme Gefühle, der eine mehr, der andere weniger. Dabei sind es unvermeidbar Vater und Mutter und das nächste Umfeld, die die entscheidende Rol-

Zu einem Verhältnis auf Augenhöhe

Auf dem Weg zu innerer Freiheit geht es also darum, Schritt für Schritt ein freundschaftliches, gesundes und erwachsenes Verhältnis zu den eigenen Eltern zu finden. Nicht mehr das brave Kind zu sein, das versucht, die elterlichen Erwartungen zu erfüllen, aber genauso wenig der jugendliche Rebell, der sich wütend auflehnt.

Dankbarkeit und Liebe für alles, was deine Eltern dir geschenkt haben – dein Leben und viele wertvolle Erfahrungen – gehören genauso dazu wie die Erkenntnis, dass Vater und Mutter einfach nur ganz normale Menschen sind, genau wie du und ich.

Wenn du spürst, dass du in diesem Prozess Unterstützung gebrauchen könntest oder die Beziehung zu deinen Eltern durch traumatische Erfahrungen belastet ist, zögere nicht, Hilfe in Anspruch zu nehmen. Das tun wir ja auch in anderen Lebensbereichen, und in emotionalen Dingen ist Unterstützung für die eigene Seele oft besonders wertvoll.

le dabei spielen. Sich einzugestehen, dass man auch Wut, Verletztheit und andere schmerzliche Emotionen den eigenen Eltern gegenüber empfunden hat, ist notwendig, wenn die Beziehung erwachsen und authentisch werden soll.

Die Falle des Opfers

Sein Leben lang mit den Eltern negativ verstrickt zu bleiben ist die andere Falle. Nicht wenige Menschen machen ihre Eltern auch dann noch für viele Dinge verantwortlich, wenn sie selbst schon lange erwachsen sind. Es ist einerseits nachvollziehbar, aufgrund von schmerzhaften Erfahrungen mit Vater oder Mutter lieber Abstand von diesen nehmen zu wollen oder ihnen die Schuld zu geben an dem, was im eigenen Leben anders läuft als gewünscht. Andererseits heilt das nicht die damit verbundenen Gefühle, sondern sorgt für Stagnation. Durch Ablehnen des eigenen Vaters oder der Mutter lehnen wir gleichzeitig diesen Teil in uns selbst ab. Die eigene Männlichkeit oder Weiblichkeit ist blockiert.

DIE PRÄGUNG
durch die *Mutter*

Betrachte die Beziehung zu deiner Mutter unter den folgenden Aspekten, um herauszufinden, wo es Klärungsbedarf gibt und wie du für mehr innere Freiheit sorgen könntest. Auch für den Fall, dass sie nicht mehr lebt oder ihr keinen Kontakt habt, ist eine solche Annäherung möglich und wichtig.

Symbiose und Sicherheit

Mutter und Kind sind besonders anfänglich symbiotisch verbunden. Bereits im Mutterleib spüren wir das Befinden unserer Mutter. Ist sie ausgeglichen und entspannt, überträgt sich das auf den Embryo, ist das Gegenteil der Fall, spürt das Kind unter ihrem Herzen auch dies.

Hat sich deine Mutter auf dich gefreut, warst du ein Wunschkind? Oder war die Schwangerschaft weniger erfreulich für sie? Auch die Umstände deiner Geburt und die ersten zwei Lebensjahre wirken sich auf dein Grundgefühl im Leben aus. Wenn ein Kind in dieser Zeit genug körperliche und emotionale Zuwendung bekommt und sich willkommen fühlt, wird es auch in seinem späteren Leben Sicherheit in Beziehungen empfinden und Bindung als etwas Angenehmes erleben können. Das ist aber nicht immer der Fall.

Zu wenig Fürsorge

Denn auch wenn üblicherweise jede Mutter ihr Kind liebt und ihr Bestes gibt, fühlt sie sich vielleicht auch überfordert, weil sie so vielem gerecht werden muss. Manchmal sind da weitere Kinder und Familienangehörige, die Aufmerksamkeit brauchen, und auch noch der Beruf. Zudem bringt jede Mutter ihre eigene Geschichte mit und hat vielleicht mit eigenen Schattenseiten zu kämpfen.

Fühlt sich das Kind in den ersten Lebensjahren vernachlässigt, wird es später in Beziehungen und generell im Leben oft unbewusst die Mutter suchen. Da ist noch so ein großer innerer Hunger, der früher nicht gestillt wurde, dass sich der erwachsene Mensch fragt, wer oder was ihn endlich satt machen könnte.

Dieser innere Hunger kann sich äußerlich in Anpassung, Klammerverhalten in der Partnerschaft und manchmal auch in übermäßigem Konsum ausdrücken: Essen, Beziehungen, exzessives Shopping oder Alkohol und Drogen werden oft genutzt, um ein inneres Loch zu füllen – das aber durch dieses »Pflaster« nur vorübergehend abgedeckt wird.

Wenn du dich hier wiedererkennst, wird es dir helfen, dich mit dem Gefühl von innerem Mangel auseinanderzusetzen und diesen schrittchenweise bewusst zu fühlen. Das mag erst einmal wehtun, aber nur dadurch kann diese alte Wunde langsam beginnen zu heilen.

Bisweilen werden Menschen, die am Anfang ihres Lebens zu wenig bekommen haben, übrigens auch selbst zu Gebenden. Sie ergreifen dann vielleicht einen helfenden Beruf oder geben anderen stets das, was sie selbst gern bekommen würden: Aufmerksamkeit, Fürsorge, Verständnis.

Wenn das deiner Tendenz entspricht, ist es ganz wichtig zu erkennen, dass du Gleiches verdient hast, was du anderen so großzügig schenkst! Du bist es wert, heute all das Gute zu bekommen, was vielleicht früher fehlte.

Zu wenig Raum

Andere Kinder erleben ihre Mutter gegenteilig: Sie ist nicht zu wenig für sie da, sondern zu viel! Vielleicht nicht nur, weil sie ihren Nachwuchs so sehr liebt und ihm all ihre Fürsorge angedeihen lassen möchte, sondern weil sie unbewusst selbst etwas in ihm sucht – den Partner, den Sinn ihres Lebens oder jemand, der nur ihr gehört.

Das Kind einer Mutter, die ihm aus eigener Bedürftigkeit zu wenig Raum gelassen hat, wird möglicherweise in seinem späteren Leben Beziehungen gegenüber sehr vorsichtig eingestellt sein. Oder aber es wird als Erwachsener ähnliche Beziehungen haben, in denen es wieder das Gefühl hat, für andere da sein und deren Bedürfnisse erfüllen zu müssen.

Wenn du eine fordernde Mutter hattest, wird es dir helfen, dich mit dem Thema Grenzen zu beschäftigen. Dadurch kannst du neu entdecken, wie viel Raum du in deinem heutigen Leben brauchst.

Geborgenheit und Weiblichkeit

Muttersein bedeutet Hingabe. Eine Mutter stellt ihre eigenen Bedürfnisse zu Gunsten ihres Kindes häufig zurück. Deshalb gebührt jeder Mutter Respekt – sie hat uns das Leben geschenkt!

Menschen aller Nationalitäten wünschen sich in Notsituationen plötzlich ihre Mutter herbei. In jedem von uns schlummert ein tiefes Bedürfnis nach Geborgenheit und Schutz. Nicht umsonst sprechen Naturvölker von »Mutter Erde«, die uns nährt und Leben schenkt.

Deine Mutter war auch deine erste Lehrerin zum Thema Weiblichkeit. Wenn du eine Frau bist, war deine Mutter bereits früh dein gleichgeschlechtliches Rollenvorbild. Hast du als kleines Mädchen deine Mama bewundert? Wie stehst du heute zu deiner Weiblichkeit? Wie sind deine Beziehungen zu anderen Frauen?

Auch als Mann hast du eine – mehr oder weniger ausgeprägte – weibliche Seite. Wie stehst du beispielsweise zu Aspekten wie Gefühlen, Kreativität und Hingabe?

Die Klärung der Beziehung zu deiner Mutter wird es dir ermöglichen, die Gaben des Lebens anzunehmen und erfüllende und nährende Beziehungen zu pflegen.

Wie lebst du selbst weibliche Qualitäten – fällt es dir beispielsweise leicht, etwas zu empfangen?

Dieser Brief ist zuerst
einmal nur für dich.
Ob du ihn wirklich
abschickst, kannst du
später entscheiden.

Die Beziehung zur Mutter klären
WAHRHAFTIG AUSDRÜCKEN, WAS ES ZU SAGEN GIBT

Praxisanleitung

• Nimm dir ein Blatt Papier und schreibe deiner Mutter einen
  Brief. Formuliere deine Gefühle zu ihr und nimm dir viel Zeit
  beim Schreiben. Gib sowohl den guten als auch möglicherweise
  schwierigen Aspekten eurer Beziehung Raum.

• Sprich von deinen Wünschen, früher als Kind und heute als
  Erwachsener.

• Sag deiner Mutter, was du an ihr liebst, wofür du ihr dankbar bist.

• Bring aber auch zu Papier, was für dich schwierig war.

Beim Schreiben werden sicherlich Erinnerungen und Gefühle in dir
aufsteigen. Heiße sie willkommen und nimm einen tiefen Atemzug,
der dir dabei helfen wird, auch Schmerzliches da sein zu lassen. Wenn
Gefühle ausgedrückt werden möchten, nur zu! Gib dir viel Zeit für
diesen wichtigen Brief. Schreib dann auch auf, was du durch deine
Mutter gelernt hast.
Vermeintlich negative Aspekte können so eine neue Bedeutung
bekommen. Aus »Du warst nicht genug für mich da, Mama« könnte
beispielsweise werden: »Ich habe gelernt, früh auf eigenen Beinen zu
stehen«. Aus »Du warst eine liebevolle und zuverlässige Mutter« entsteht vielleicht auch: »Dank deines Vorbilds kann auch ich jetzt eine
liebevolle und zuverlässige Mutter für meine Kinder sein«.

Wenn du magst und es möglich ist, sprich mit deiner Mutter auch
heute im echten Leben über das, was dich bewegt. Gespräche von
Herz zu Herz sind unglaublich wertvoll. Wenn deine Mutter nicht
mehr lebt, dann finde trotzdem einen Weg, deine Gefühle auszudrücken. Auch das wird Klärung bewirken.

DIE PRÄGUNG
durch den *Vater*

Der Vater steht archetypisch für die Welt. Während in der Schwangerschaft und den ersten Lebensmonaten noch die Mutter die entscheidende Rolle spielte, kommt nun der Vater zunehmend in das Bewusstsein des Kindes.

In Kontakt mit der Welt da draußen

Nicht immer, aber oft ist er es, der dem Kleinen erklärt, wie die praktischen, äußeren Aspekte der Welt funktionieren: wie ein Auto fährt, weshalb die Erde eine Kugel ist und vieles mehr. Wenn der Vater verantwortlich, stark und präsent für den kleinen Menschen da ist, sind die besten Voraussetzungen gegeben, dass dieser sich später in der äußeren Welt und im Beruf gut behaupten kann.

Ist der Vater (oder zumindest eine Vaterfigur) wenig oder gar nicht anwesend (sei es körperlich oder auch bloß emotional), kann das Kind sich nicht auf ihn verlassen, so wird es vermutlich auch im Erwachsenenleben diese Rückendeckung vermissen und womöglich Schwierigkeiten haben, gesehen zu werden und sich durchzusetzen.

Ein fehlender Vater verursacht – genau wie eine fehlende Mutter – einen tiefen Schmerz.

Doch auch ein zu fordernder Vater kann es dem Kind schwermachen: Es bekommt früher oder später das Gefühl, nur seiner Leistung wegen geliebt zu werden, weniger um seiner selbst willen. Das hat oft zur Folge, dass eigene Schwächen verdrängt werden und sich ein gnadenloser innerer Kritiker bildet.

Der Vater steht normalerweise für eine männliche Qualität von Autorität. Die kann sich auf gute Art und Weise in Stärke, Willens- und Gestaltungskraft ausdrücken oder im anderen Fall durch Machtmissbrauch, Härte oder Kontrolle. Es gibt nicht wenige Menschen, die immer wieder in Konflikt mit Autoritätspersonen geraten – dem Lehrer, dem Vorgesetzten, jemandem, der in einer Situation das Sagen hat. In dem Fall ist es interessant, sich das eigene Verhältnis zum Vater anzuschauen.

Was hattest du für einen Vater?

Entsprach er dem klassischen männlichen Rollenbild? Welchen Eindruck hast du als Kind dank deines Vaters von der Welt da draußen bekommen?

Jeder Mensch – egal ob männlich oder weiblich – verfügt über einen »inneren Mann« und eine »innere Frau«. Welche männlichen Qualitäten hast du von deinem Vater verinnerlicht? Wie drücken sich diese in deinem Leben aus, im Beruf, in deinem Verhältnis zur Welt?

> **Die Klärung der Beziehung zu deinem Vater wird es dir ermöglichen, deinen Platz in der Welt einzunehmen.**

Die Beziehung zum Vater klären
WAHRHAFTIG AUSDRÜCKEN, WAS ES ZU SAGEN GIBT

Praxisanleitung

Schreib nun auch deinem Vater einen Brief. Vielleicht möchtest du dir dabei ein Foto von ihm auf den Schreibtisch legen, um ihn direkt vor Augen zu haben. Wieder geht es vor allem darum, dir selbst Klarheit zu verschaffen. Du kannst anschließend überlegen, ob du den Brief so abschicken möchtest.

- Bring alles zu Papier, was du deinem Vater sagen möchtest. Schreib ihm, was du an ihm schätzt und was du durch ihn gelernt hast.

- Sag ihm auch, wie du dich als Kind mit ihm als Vater gefühlt hast oder was du vielleicht auch von ihm gebraucht hättest.

- Welches Gefühl braucht jetzt Ausdruck, wenn du an deinen Vater denkst? Vielleicht Stolz oder Freude, vielleicht Trauer, vielleicht Dankbarkeit oder Wut … Schreib es auf.

- Notiere wie bei dem Brief an deine Mutter auch Botschaften, die du direkt oder indirekt von ihm erhalten hast und was diese in dir ausgelöst haben.

»Ich musste immer so viel leisten« könnte beispielsweise bewirkt haben, dass du es beruflich weit gebracht hast. Andererseits entstand daraus möglicherweise das Gefühl, nicht liebenswert zu sein oder Angst vorm Versagen zu haben. Schreib alle Botschaften auf, die du von deinem Vater vermittelt bekommen hast, und spüre genau nach, was das damals mit dir gemacht hat und vielleicht auch heute noch auslöst. So wird dir immer klarer, wie dein Vater auch heute noch in dir lebt. Wenn du magst und es möglich ist, sprich auch heute als Erwachsene/r mit ihm darüber. Falls er nicht mehr lebt, drücke alles, was du ihm sagen möchtest, auf eine andere Art aus, die für dich passt. Vergiss nicht, dich innerlich bei deinem Vater zu bedanken für alles, was er dir gegeben hat.

Das
INNERE KIND
an die *Hand nehmen*

Dein inneres Kind SELBST an die Hand zu nehmen ist der Schlüssel zu emotionaler Freiheit.

D as Kind, das wir einmal waren, lebt auch heute noch in uns weiter. Es hat fröhliche, lebendige und kreative Seiten wie jedes Kind und es möchte auch im Erwachsenenleben Leichtigkeit empfinden. Das innere Kind hat aber auch oft verletzte Anteile: Gefühle, die damals keiner sehen wollte und die wir deshalb in unser Unbewusstes verbannt haben. Um diese »ungewollten« Gefühle nicht zu fühlen, setzen wir oft nach unserem Auszug von zu Hause alte Verhaltensmuster fort und verlagern sie von unseren Eltern auf unsere Partnerschaft, unsere Kollegen, unser aktuelles soziales Umfeld.

Das Kind in uns sucht so lange nach Liebe im Außen, bis wir aufwachen und selbst Verantwortung dafür übernehmen.

Fürsorge für dich selbst übernehmen

Auch wenn unser Kopf es vielleicht schon besser weiß, so empfindet das verletzte Kind in uns noch die existenzielle Abhängigkeit von äußerer Fürsorge und handelt so, um diese möglichst sicherzustellen. Besonders in Liebes-beziehungen wird gern unbewusst im Partner der verantwortliche Erwachsene für das eigene innere Kind gesucht.

Verantwortung für dein inneres Kind übernehmen

Das bedeutet, dass du dich als erwachsene Person erkennst, die im Leben steht und für sich sorgen kann und die dadurch fähig ist, sich um das kleine Mädchen/den kleinen Jungen in dir, seine Gefühle und Bedürfnisse zu kümmern. Der verantwortliche liebevolle Erwachsene in dir ist es, der Verantwortung übernehmen darf und die Gefühle des kleinen Kindes in dir bejahend fühlen kann. Oft handelt es sich dabei um alte Dämonen wie verdrängte Traurigkeit, Wut und Angst, die aus dem Keller deines Unterbewusstseins ans Licht kommen und endlich heilen möchten.

Dann wird nämlich etwas in Fluss gebracht, was zuvor eingeschlossen war und dich blockiert hat. Den Schmerz des inneren Kindes zu fühlen und zu heilen ist in Wahrheit das Tor zu dir selbst, zu deiner Autonomie und Lebensfreude.

Wenn sich dein inneres Kind von dir angenommen, geliebt und unterstützt fühlt, bringt es immer mehr Lebendigkeit und Kreativität in dein heutiges Leben. Du wirst weniger im Außen nach Antworten suchen, sondern dein Leben freudig von innen heraus gestalten! Auch Sarah ist diesen Weg gegangen.

Dein inneres Kind braucht dein Verständnis für seine schmerzlichen Gefühle.

Sarah ist Mitte 30 und arbeitet als Psychologin. Schon früh hat sie gelernt, sich in andere Menschen einzufühlen. Bereits als kleines Mädchen spürte sie, dass ihre Mutter nicht glücklich war, und sie strengte sich an, um dies zu ändern. Instinktiv wusste sie, wie wichtig es war, dass es ihrer Mutter gut ging, sodass sie schon in jungen Jahren viel mehr Verantwortung übernahm, als es für ein Kind angemessen gewesen wäre. Ihre feinen Antennen signalisierten ihr immer, wie es Menschen in ihrer Nähe ging und was diese brauchten. Sie war so gut darin, dass ihre Selbstwahrnehmung darüber völlig in den Hintergrund geriet. Auch im Job und privaten Beziehungen setzte sich dieses Muster fort.

Irgendwann stieg in Sarah ein großes Unwohlsein auf, das Gefühl, stets für andere da zu sein und selbst dabei völlig übersehen zu werden. Den ganzen Tag hörte sie anderen Leuten und ihren Problemen zu, dabei sehnte sie sich so sehr danach, dass ihr endlich mal jemand zuhörte und sie in den Arm nahm! Daran musste sich wirklich etwas ändern.

Sie holte sich selbst therapeutische Unterstützung und sprach mit ihren engsten Freunden, die sehr verständnisvoll reagierten und ihr den Rücken stärkten. Auf dieser Basis begann sie, selbst mit ihrem eigenen inneren Kind zu arbeiten. Dabei begegnete sie einer großen Traurigkeit und Verlassenheit. Anstatt sich abzulenken, fühlte Sarah ihren alten Schmerz, immer nur für andere da zu sein. Sie verbrachte bewusst

viel Zeit allein und fing langsam an, sich mehr und mehr selbst die Fürsorge angedeihen zu lassen, die sie stets anderen gegeben hatte. Etwas in ihr begann zu heilen.

Sarah fühlt sich heute viel verbundener – mit sich selbst ebenso wie mit anderen. Sie nimmt deutlicher wahr, was sie braucht, und ihre Beziehungen sind ausgewogener und harmonischer geworden.

Im Idealfall werden wir selbst zu liebevollen Eltern für unser inneres Kind. Wir nehmen unsere Gefühle und Bedürfnisse ernst und bringen sie auf gesunde Art und Weise zum Ausdruck. Gelingt uns das mehr und mehr, entwickelt sich unsere Persönlichkeit und wir fühlen uns ganz. Die inneren Kind-Anteile werden erwachsen. Lebendigkeit und Kreativität sind die natürlichen Folgen. Es ist einfach total schön und zutiefst erfüllend, mit sich selbst verbunden zu sein.

Alte Abhängigkeiten abschütteln

Die Fürsorge für dein inneres Kind ist das Segel zum Boot, das dich in ein selbstbestimmtes und glückliches Leben zu bringen vermag. Mit diesem kleinen Begleiter machst du dich auf einen Weg, der dich zum Ende eines angepassten und an den Beginn eines wirklich freien Lebens führt.

Was nämlich durch die Innere-Kind-Arbeit passiert ist eine Veränderung der Prioritäten. Du beginnst, dich selbst ernst zu nehmen, statt weiter im Außen nach

Sich wild, frei und wunderbar zu fühlen, ist wie eine Belohnung, die sich einstellt, wenn wir unsere »seelischen Hausaufgaben« machen!

Bestätigung zu suchen. Das ist der wichtigste Schritt, um dich aus alten Abhängigkeiten zu befreien, die dich nicht glücklich machen.

Vielleicht merkst du zum Beispiel in deinem Beruf, dass du die damit verbundenen Anforderungen wichtiger genommen hast als dich selbst, obwohl deine innere Stimme dir schon lange sagt, dass du dich dort nicht mehr wohl fühlst. Oder du spürst wie Sarah im obigen Beispiel, dass du lange Zeit andere Menschen oder deinen Partner emotional versorgt hast, nicht aber dich selbst.

Nachdem es dir vielleicht lange Zeit selbstverständlich erschien, auf eine bestimmte Weise zu leben und zu handeln, beginnst du dich zu fragen:

»Was mache ich hier eigentlich?«

und entscheidest dich immer mehr für das, was DIR guttut. Während du früher vielleicht aus Angst vor negativen Reaktionen oder Ablehnung deine Wahrheit zurückgehalten hast, ist dir die Meinung anderer Menschen nun gar nicht mehr so wichtig. Interessanterweise passiert dann sogar oft das Gegenteil und du wirst auf eine ganz neue Art respektiert. Herzlichen Glückwunsch!

In Dialog mit dem inneren Kind treten
LIEBEVOLL FÜR DICH SELBST DA SEIN

Praxisanleitung

Kauf dir ein schönes Tagebuch für die Arbeit mit dem inneren Kind. Klebe auf die erste Seite ein Bild, das dich als Kind zeigt, und ein aktuelles Foto von dir als Erwachsenem.

- Beginne nun mit einem Brief, den du aus deiner heutigen Perspektive an dein jüngeres Ich schreibst. Schreibe mit deiner rechten, bzw. deiner dominanten Hand; sie ist deiner linken, rationalen Hirnhälfte zugeordnet.

»Wir alle müssen unser INNERES KIND finden und heilen, damit wir *vollständig* werden.« Namua Rahesha

Wenn du dieses Ritual regelmäßig durchführst, wirst du immer leichter in Kontakt mit dir kommen und dich in dir verbundener fühlen.

- Teile deinem Kind in deinen Worten mit, dass du lernen möchtest, gut für es zu sorgen, und es ernst nehmen willst. Frage es nach seinen Wünschen, Gefühlen und Bedürfnissen. Stell dir dein Kind innerlich vor. Versprich ihm, für es da zu sein.

- Dann nimm den Stift in die linke, bzw. nicht-dominante Hand, sie ist der rechten, kreativen und emotionalen Hirnhälfte zugeordnet. Beginne nun, aus der Perspektive deines inneren Kindes zu schreiben. Gib dir Zeit, dich in diese Position einzufühlen. Du wirst überrascht sein, da sich vielleicht auf einmal neue Empfindungen zeigen oder du krakelig schreibst, genau wie früher, als du klein warst. Schreibe und fühle, was dein inneres Kind zu sagen hat.

- Vielleicht braucht es Zeit, um aus seinem Versteck zu kommen, dann kannst du auch wieder mit der anderen Hand schreiben, sodass ein richtiger Dialog entsteht.

- Falls du Unbehagen gegenüber den Gefühlen deines inneren Kindes verspürst, hab Verständnis für dich. Du hast gelernt, diese Gefühle wegzudrängen, weil andere sie nicht sehen wollten. Das kannst du aber heute ändern – und nur du! –, und durch deine Entscheidung für dich und dein Wachstum wirst du Schritt für Schritt ein neues Wohlwollen entwickeln.

- Schreibe so viel und so lange du möchtest und nimm ganz bewusst deine Gefühle dabei wahr.

- Halte auf jeden Fall, was du dir selbst in diesem Dialog versprichst.

Gefühle sind
DER SCHLÜSSEL
zur Freiheit

Die Beschäftigung mit Vater, Mutter und dem inneren Kind bildet eine gute Basis, um eine neue und bejahende Einstellung zu allen deinen Gefühlen zu gewinnen. Sie wird dich bereichern, sodass du dich ganzer und authentischer fühlst. Außerdem wirst du durch ein Ja zu abgelehnten Emotionen auch die angenehmen Gefühle noch intensiver erleben!

Egal, ob du Kopf- oder Herzmensch bist, emotional oder eher still, dir steht wie jedem Menschen eine umfangreiche Palette verschiedener Gefühle zur Verfügung. Als kleine Kinder haben wir diese meist noch deutlicher empfunden und unmittelbarer zum Ausdruck gebracht als heute im Erwachsenenleben. Wenn Kinder traurig sind, weinen sie, wenn sie wütend sind, schreien sie, wenn sie sich freuen, lachen sie ungehemmt. Und weil sie zumindest anfänglich ihre Gefühle auf gesunde Weise zum Ausdruck bringen, bleiben Kinder nicht in ihren Gefühlen stecken, sondern diese wechseln sich ab wie Regen und Sonnenschein.

Leider erfahren die meisten Menschen recht früh in ihrer Erziehung, dass bestimmte Gefühle weniger erwünscht sind als andere. »Brave Kinder sind nicht wütend«, »Jungs weinen nicht«, »Sei keine Heulsuse/Nervensäge/kein Angsthase!«, »Sei lieb für Mama!«: Früh lernen wir, die Wahrnehmung und den Ausdruck unserer Gefühle den Bedürfnissen unseres Elternhauses anzupassen. Kinder sind schließlich abhängig und tun alles, um von ihren Eltern geliebt zu werden.

Dein Ja zu dir selbst

So kommt es, dass die meisten erwachsenen Menschen unbewusst alte abgelehnte Gefühle mit sich herumtragen. Aber nur weil sie sich im Unterbewusstsein befinden, heißt das nicht, dass sie das Leben nicht beeinflussen! Durch verschiedenste Situationen und Konflikte drängen sie an die Oberfläche, denn sie möchten endlich gefühlt werden und heilen.

Natürlich gibt es hunderte Strategien, »schlechte« Gefühle nicht zu fühlen. Essen, Alkohol, Arbeitssucht und Aktionismus sind nur ein paar Beispiele, die verhindern, dass wir wirklich fühlen, was in uns los ist.

Kaum einer hat ein Problem damit, seine angenehmen und attraktiven Emotionen und Aspekte zu bejahen. Viel schwieriger ist es dagegen, sich mit seiner Traurigkeit, seinem Schmerz und seiner Wut anzunehmen, besonders wenn man als Kind erfahren hat, so nicht geliebt und gesehen zu werden.

Als Grundlage für deine neue Einstellung – das Ja zu dir und allen deinen Gefühlen – brauchst du ein wachsendes Bewusstsein über alle deine Ressourcen. Denn erst wenn du dir klar bist über alles, was dir den Rücken stärkt, kannst du langsam damit beginnen, dich deinen Schatten zu stellen.

*Es geht darum, Ja zu dir und
allen deinen Gefühlen zu sagen.*

Wahrnehmen, Wertschätzen und Ausdrücken

Im Umgang mit allen deinen Gefühlen sind drei Schritte besonders nützlich.

Der erste Schritt besteht darin, deine Gefühle immer besser wahrzunehmen. Vielleicht taucht ein Gedanke auf, der dich auf deine Wut aufmerksam macht, oder du spürst plötzlich, wie sich dein Herz zusammenzieht. Egal wie und wo du dein Gefühl spürst, nimm einen tiefen Atemzug und heiße es innerlich willkommen.
Im zweiten Schritt geht es um die Wertschätzung. »Was soll ich denn am Ärger wertschätzen«, magst du jetzt fragen, »das ist doch alles andere als ein wertvolles Gefühl«. Doch jedes Gefühl birgt einen Schatz in sich. Ärger und Wut können dir zum Beispiel die Kraft geben, anstehende Veränderungen endlich in Angriff zu nehmen. Traurigkeit und Tränen können dein Herz reinigen, wenn du sie zulässt, und Angst dient dir als Warnung. Mit der Wertschätzung deiner Gefühle verhält es sich wie beim Erlernen einer neuen Sportart. Du brauchst Übung und Geduld, und dann klappt es immer besser.
Der dritte Schritt besteht darin, deine Gefühle auf dir angemessene Art zum Ausdruck zu bringen. Du hast zum Beispiel wahrgenommen, wie traurig du im Moment bist, und vielleicht ist es dir gelungen, dir selbst dieses Gefühl zuzugestehen. Bestimmt gibt es einen guten Grund dafür! Finde nun einen Weg, dieses Gefühl auszudrücken. Halte deine Tränen nicht zurück, sondern lass sie laufen. Geh richtig hinein, sag ja zu deiner Traurigkeit. Unterdrücke auch deine Wut nicht, sondern finde ein Ventil für sie. Sei es dir wert, die darin verborgene Kraft zu entdecken. Achte natürlich darauf, keinem anderen dadurch zu schaden. Es geht um *deine* Anerkennung *deiner* Gefühle, und dadurch werden dich auch andere damit wahrnehmen. Du wirst dich befreiter fühlen und dadurch die Energie gewinnen, die du vorher benötigt hast, um die Emotionen zurückzuhalten. Vielleicht magst du auch auf eine kreative Weise deine Gefühle ausdrücken, beispielsweise durch Malen, Schreiben oder Musik.

Indem du allen deinen Gefühlen erlaubst, da zu sein – auch den abgelehnten –, wirst du die verblüffende Erfahrung machen, dass das Verdrängen deiner Gefühle viel schlimmer ist als das Gefühl selbst.

Je mehr du dir diese drei Schritte im Umgang mit deinen Gefühlen angewöhnst, desto weiter wird sich dein Herz öffnen und desto leichter wirst du in deine Kraft kommen. Du wirst entdecken, dass sich dein Gefühlsspektrum wunderbar erweitert. Ein Beispiel: Jemand, der sich wirklich seinem Schmerz gestellt hat, wird später dadurch das Gefühl der Freude noch viel tiefer erleben können. Gleiches gilt für Wut und Liebe, und auch Angst kann ein wunderbarer Lehrer für Vertrauen sein.

Schluss mit
FAULEN
Kompromissen

Kompromisse gehören zum Leben und sind manchmal sehr gesund. Allerdings gibt es einen großen Unterschied zwischen Kompromissen aus Liebe und solchen, die aus Angst entstehen.

Wenn du dich zum Beispiel aus Liebe und Wertschätzung in einer Angelegenheit mit deinem Partner auf einen Kompromiss einigst und ihr euch beide in der Mitte trefft, ist das wunderbar. Auch bei der Arbeit und in allen Formen von sozialen Gruppen sind faire Kompromisse gesund, um die Bedürfnisse aller unter einen Hut zu bekommen.
Ganz anders verhält es sich mit faulen Kompromissen. Je mehr du dir auf dem Weg zu persönlicher Freiheit darüber bewusst wirst, wer du bist, was du vom Leben möchtest und was du brauchst, um glücklich zu sein, desto deutlicher wird sich zeigen, welche Situationen nun nicht mehr stimmig für dich sind.

Angst und mangelndes Vertrauen

Die beiden Hauptfelder, in denen es häufig vor faulen Kompromissen nur so wimmelt, sind Beruf und Partnerschaft. Der Hintergrund sind Angst und mangelndes Vertrauen. Seien wir ehrlich: Wie viele Menschen befinden sich sowohl beruflich als auch privat in Umständen, in denen sie nicht glücklich sind! Aber sie wagen nicht den Sprung ins Ungewisse, weil sie dann in vielen Fällen um ihre finanzielle Versorgung

bangen oder aber das Alleinsein fürchten. Lang ist die Liste der Argumente, die ein Verharren in diesen Umständen zu rechtfertigen versuchen. Doch das eigene Bauchgefühl kann auf Dauer nicht verleugnet werden. Wie viele Menschen denken heimlich: »Ich würde so gerne, aber ...«, manchmal ihr Leben lang! Wie schade das ist, wie viel kostbare Zeit und Energie geht dadurch den Bach herunter! Beliebt ist auch der Satz: »Wenn ich nochmal von vorne anfangen könnte, würde ich ...«
Wenn du authentisch und frei leben möchtest, wirst du keine faulen Kompromisse mehr machen wollen, denn dazu liebst du jeden einzelnen Tag zu sehr und weißt, wie kostbar deine Zeit ist. Du hörst auf, dich zu verbiegen und gewinnst immer mehr Vertrauen in dich. Gleichzeitig bist du es dir wert, Umstände zu verlassen, die nicht mehr zu dir passen. Dadurch wird dir deine Energie vollständiger zur Verfügung stehen, um echte Lebensfreude und persönliche Erfüllung zu finden.

Zeit zum Abgewöhnen

Bevor du aber eine Entscheidung triffst, ist es sinnvoll, dir erst einmal kleine Auszeiten zu nehmen, um zu dir zu kommen. Gerade bei langjährigen Beziehungen und Arbeitsverhältnissen ist es angenehmer und oft sinnvoller, sich schrittweise zu lösen, etwa durch mehr Zeit für dich allein oder indem du Arbeitszeit reduzierst. Gönn dir diese Zeit zum Abgewöh-

nen. Dann bekommt deine Psyche besser Gelegenheit, die Veränderung zu verarbeiten. Wenn du dich aus einer Situation gelöst hast, die in Wahrheit einen faulen Kompromiss bedeutet hat, wird dich dafür ein unbeschreibliches Gefühl der Erleichterung belohnen!

Mache einen Kompromiss-Check

Dieses Vorgehen ist dann geeignet, wenn du unzufrieden bist und endlich in deine Kraft kommen möchtest. Hab keine Angst davor, dir die Wahrheit einzugestehen, denn das Leben unterstützt alle, die einen wahrhaftigen und authentischen Weg gehen möchten.

> Sei jetzt einfach kompromisslos ehrlich mit dir: Wo in deinem Leben verleugnest du einen Teil von dir selbst?

Vielleicht in deiner Partnerschaft? Schluckst du vielleicht deine Gefühle herunter oder nimmst Dinge in Kauf, nur um nicht allein zu sein? Möglicherweise auch aus finanzieller oder emotionaler Abhängigkeit heraus? Schreib alles auf. Notiere auch deine faulen Kompromisse, die du in der Vergangenheit eingegangen bist und wo sie dich hingeführt haben. Dir die Wahrheit einzugestehen ist der erste Schritt hin zu positiver Veränderung.

Vielleicht tolerierst du auch im Beruf schon zu lange eine Tätigkeit, die dir in Wahrheit gar nicht mehr entspricht, weil sich dein Herz etwas anderes wünscht. Du erklärst dir und anderen womöglich schon seit Monaten oder Jahren, warum es besser ist zu bleiben. Viele bevorzugen diesen unglücklichen Zustand in vermeintlicher Sicherheit, statt sich auf den Weg zum Glück zu machen, der vielleicht stellenweise durch die Unsicherheit führt.

Ich möchte kein Spielverderber sein, sondern dich freundlich und bestimmt aufwecken. Denn allzu schnell ist das Leben vorbei und ich will nicht, dass du kurz vor Schluss frustriert feststellst: »Wäre ich doch nur meinen eigenen Weg gegangen, jetzt ist es zu spät!« Wie bitter sich das anfühlen muss …

Deshalb ist es gut, wenn du dir jetzt im vollen Bewusstsein deiner Verantwortung deine wahren Gefühle in der Situation eingestehst, die einen faulen Kompromiss bedeutet. Sie sind ein Warnsignal deiner Seele, die Erfüllung finden möchte und auch weiß, wie sie das erreichen kann.

Alte
GLAUBENSSÄTZE
transformieren

Glaubenssätze sind so etwas wie unbewusste Schlüsse, die wir aus unseren Erfahrungen gezogen haben und die wie eine Crew auf einem Schiff unser heutiges Leben steuern.

Glaubenssätze werden oft ohne unser bewusstes Zutun in der Kindheit gebildet und stellen eine scheinbare Wahrheit dar. Sie bleiben so lange unbewusst, bis wir irgendwann anfangen zu hinterfragen, was wir denn eigentlich alles über uns selbst und die Welt glauben.

Es gibt förderliche innere Wahrheiten wie zum Beispiel: »Ich krieg das schon hin. Ich habe doch bislang immer noch alles geschafft.« Positive Glaubenssätze bescheren uns in unserem Leben aufgrund des Resonanzgesetzes entsprechende positive Erfahrungen.

Leider verhält es sich genauso mit den negativen Glaubenssätzen, die oft alles andere als gesund sind: »Ich bin es nicht wert. Ich habe einfach nichts Besseres verdient«, denkt es unbewusst in den Köpfen vieler Menschen, die vielleicht als Kinder schlecht behandelt wurden und aufgrund dieser Prägung auch heute noch in destruktiven Beziehungen verharren. Natürlich ist es naheliegend, negative Glaubenssätze loswerden und durch positive ersetzen zu wollen. Allerdings ist es nicht ganz so einfach, denn es vermischen sich hier zwei Ebenen – die des Denkens und die des Fühlens. Gefühle kann man bekanntlich nicht alle einfach durch sein Denken steuern – man kann sie aber ans Licht holen und heilen!

Einen alten negativen Glaubenssatz einfach mit einem neuen positiven Glaubenssatz überschreiben zu wollen ist in etwa so effektiv wie eine neue Tapete aufzukleben, ohne die alte Tapete vorher gründlich zu entfernen.

> »Was hilft es, bessere Zeiten zu wünschen und zu hoffen? Ändert euch nur selbst, so ändern sich auch die Zeiten.«
>
> Benjamin Franklin

Glaubenssätze bringen das auf den Punkt, was wir über uns selbst glauben. Deshalb macht es Sinn, sie zu hinterfragen und mit ihnen zu arbeiten. Allerdings sind unsere tiefsten Glaubenssätze oft so selbstverständlich, dass wir sie gar nicht erkennen. Dann hilft der Blick von außen. Frage jemand, der dich gut kennt, zum Beispiel: »Ist dir schon mal aufgefallen, dass ich mir mit meiner Art zu denken selbst im Wege stehe? Wo genau?«

Angenommen, dein aktiver Glaubenssatz lautet »Ich werde nur geliebt, wenn ich mich so verhalte, wie die anderen es wollen« und du sagst dir ab sofort: »Ich mache nur noch, was ich will«, dann bringt Letzteres vielleicht deinen Wunsch nach Selbstbestimmung zum Ausdruck. Aber die in diesem Thema gebundene und verdrängte Traurigkeit wird dich weiterhin so lange blockieren, bis du sie ins Bewusstsein bringst und einfach fühlst – denn dann kann sie gehen und du wirst wirklich frei für etwas Neues.

Hole deine Gefühle mit ins Boot

Die Arbeit mit Glaubenssätzen kann dir auf dem Weg zu persönlicher Freiheit eine große Hilfe sein. Aber nur wenn du Kopf und Herz – Denken und Fühlen – gleichermaßen berücksichtigst!

Sieh deine Gedanken und Gefühle nicht als deine Gegner, die du besiegen musst, sondern als dein inneres Team, das du kennen lernen kannst und dank dem du wachsen darfst. Hole alle gleichermaßen in dein Boot und übernimm bewusst das Steuer. Du bist der Kapitän.

Hinderliche Glaubenssätze verwandeln
IN DREI SCHRITTEN ZUR ERFOLGREICHEN TRANSFORMATION

Um in der Arbeit mit Glaubenssätzen nachhaltig positive Veränderungen zu bewirken, helfen diese drei Schritte.

1. Identifiziere deinen hinderlichen Glaubenssatz

Was bereitet dir immer wieder Probleme? Woran scheiterst du vermeintlich? Fasse die dahinterliegende Einstellung in einem einfachen Satz zusammen. Zum Beispiel: »Ich bin nicht gut genug.«

2. Spüre deine damit verbundenen Gefühle

Fühle, was in dir geschieht, wenn du diesen Satz hörst. Vielleicht steigen Erinnerungen oder Gefühle in dir auf. Das ist gut, lass hochkommen, was sich zeigen möchte, nimm einen tiefen Atemzug und heiße deine Gefühle willkommen, auch wenn sie schmerzhaft sind. Bade nicht in ihnen, aber schenk ihnen ganz bewusst Raum und Aufmerksamkeit. Spüre sie in deinem Körper. Frage dich, was deine Gefühle und du jetzt brauchen. Vielleicht möchtest du sie ausdrücken, aufschreiben, kreativ werden oder mit jemandem darüber sprechen. Nur zu! Wenn du dich auf deine Emotionen einlässt, wirst du überrascht sein, wie sie sich positiv verwandeln. Lass dir für diesen Schritt so viel Zeit, wie du brauchst. Nicht mehr und nicht weniger.

3. Gestalte deine neue Wahrheit

Wenn du deinen Gefühlen, die mit den alten Glaubenssätzen verbunden waren, genug Raum geschenkt hast, wirst du sehr wahrscheinlich eine angenehme Weite in dir empfinden. Du hast Platz geschaffen für etwas Neues – deine neue Wahrheit! Schreibe auf, wie du deinen Glaubenssatz neu formulieren möchtest. Hör dabei auf dein Bauchgefühl; der neue Glaubenssatz soll nicht nur schön klingen, sondern darf sich vor allem richtig für dich anfühlen.

> »Ich bin nicht gut genug« wird dann beispielsweise zu »Ich bin genau richtig so, wie ich bin«.
> »Ich habe es nicht besser verdient« wird zu »Ich habe das Beste verdient«.
> »Nähe ist gefährlich« wird zu »Nähe ist bereichernd«.

Nutze den neuen Glaubenssatz wie eine Affirmation, häng ihn dir an deinen Spiegel in der Wohnung, sag ihn dir morgens nach dem Aufwachen und abends und zwischendurch. So kann dir deine neue Wahrheit in Fleisch und Blut übergehen.

Wenn du merkst, dass es sich noch nicht rund anfühlt, widme dich noch einmal eingehend deinen Gefühlen. Sie sind der Schlüssel für die Transformation von Glaubenssätzen!

Befreie dich von
ENERGIE
Vampiren

Je mehr Schritte du in Richtung persönlicher Freiheit gehst, desto mehr wirst du wahrnehmen, wer und was dir wirklich guttut. Neben Menschen, für die du die Hand ins Feuer legen würdest, gibt es vermutlich den einen oder anderen in deinem Umfeld, der dich Kraft kostet, statt dir den Rücken zu stärken.

Ich nenne solche Personen hier mal Energievampire, denn sie scheinen tatsächlich zu saugen – allerdings kein Blut, sondern Energie.

Es handelt sich dabei oft um Menschen, die entweder die eigene Verantwortung für sich ablehnen oder aber um Menschen, die dich klein und »brav« halten wollen, weil das ihrem eigenen Bedürfnis entspricht. Energievampire sind in der Regel nicht an deinem Wohl und Wachstum interessiert, sondern wollen in erster Linie sich selbst versorgen. Wenn du dich von den Energievampiren abwendest, tust du nicht nur dir selbst, sondern auch ihnen einen Gefallen! Warum? Weil sie sich nun eher ihrer eigenen Verantwortung stellen können. Du brauchst also keinerlei schlechtes Gewissen zu haben!

Dabei reicht ihr Spektrum von subtilen Bitten mit Augenaufschlag und Hundeblick bis hin zu forderndem Verhalten auf deine Kosten. Einen schlechten Tag kann natürlich jeder mal haben; ich meine wohlgemerkt Menschen, die sich dauerhaft so verhalten.

Erlaube dir, dich abzugrenzen

Ich beschreibe diesen Typ deshalb so genau, weil du als Herzmensch vielleicht sogar ein Magnet für Energievampire bist. Aufgrund des Resonanzgesetzes ziehst du diese an, wie Motten vom Licht angezogen werden. Bestimmt hast du schon mal gespürt, dass dich so ein Verhalten stört, aber vielleicht hast du deinen Impuls nach Abgrenzung lieber unterdrückt – entweder weil du dich nicht getraut hast, vielleicht auch, weil du mehr Verständnis für den anderen hattest als für dich selbst, oder weil du es schon lange gewöhnt bist, brav für andere da zu sein. Ich kann dich gut verstehen. Aber jetzt ist es an der Zeit, dies zu ändern! Sei es dir wert, nach deinem eigenen Wohlergehen zu schauen!

Durch den Abstand
zu Energievampiren
schaffst du Platz
für andere Menschen,
die besser für
dich sind.

Energievampire aussortieren
ERKENNEN, BENENNEN, ABGRENZEN

Vielleicht kostet es dich anfangs Überwindung, dich abzugrenzen.
Mit der Zeit wird es selbstverständlich werden.

Praxisanleitung

Werde dir bewusst, wer in deinem Leben ein Energievampir ist.
Schreib es schwarz auf weiß auf.

Verfeinere dein Gespür, was genau im Kontakt mit diesen Menschen
in dir geschieht. Nimm dir den Abstand, den du brauchst.

Nutze auch deine Körpersprache, wenn du Energievampire in der
Nähe wahrnimmst: Wende dich ab, tritt einen Schritt zurück, ver-
schränke die Arme vor der Brust. Das ist alles erlaubt, denn es geht
um dein Wohlbefinden!

Sprich wenn nötig klar aus, warum du dich zurückziehst. Auch das
ist ein wichtiger Schritt auf dem Weg zu persönlicher Freiheit. Dabei
ist es gar nicht wichtig, ob der andere dich versteht, sondern dass du
für dich einstehst.

Wenn du beruflich oder im engsten Umkreis mit Energievampiren
zu tun hast, benenne klar, was dich stört und was du dir wünschst
– zum Beispiel mehr Ordnung, Ruhe, Konzentration o.ä. Wenn
das nicht hilft, grenze dich auch praktisch so gut wie möglich ab,
wechsle etwa den Schreibtisch oder zieh in ein anderes Büro.

Hilfreich kann es auch sein, einen Schutz zwischen dir und der
Person zu visualisieren, beispielsweise eine Mauer oder einen
Schutzschild (mehr dazu auch im Kapitel Grenzen, Seite 87). So ist
deine Fantasie gefordert und du kannst innerlich sogar ein bisschen
schmunzeln.

Mach dich rar, in härteren Fällen: Sei nicht mehr erreichbar. Wenn
dir jemand richtig hartnäckig auf die Nerven geht, bietet auch jedes
Mobiltelefon die Möglichkeit, einen Kontakt blockieren. Gleiches gilt
für E-Mails und soziale Netzwerke.

Genieße, dass du dich freier fühlst und mehr Energie zur Verfügung
hast.

Das
LEBEN
entrümpeln

Aufräumen kann unglaublich befreiend sein. Bestimmt kennst du die Erleichterung, die sich breitmacht, wenn du für Ordnung sorgst. Es gibt einfach ein gutes Gefühl, wenn die Kleider ordentlich im Schrank einsortiert sind, wenn die Wohnung, die Küche und der Keller klar und sauber sind. Im Feng Shui sagt man, dass die Energie dann besser fließt.

Wie außen, so innen

Deine äußere Ordnung spiegelt deinen inneren Zustand wider. Wenn du zum Beispiel noch viel unbesehenen alten Kram auf dem Dachboden oder im Keller besitzt, besteht auf einer anderen Ebene dazu oft eine energetische Entsprechung. Deswegen findet Aufräumen idealerweise auf mehreren Ebenen statt:

1) Aufräumen deines Hauses/deiner Wohnung und aller Zimmer
2) Ordnung schaffen auf emotionaler Ebene
3) Entgiften deines Körpers
4) Loslassen von Lebensumständen, die nicht mehr zu dir passen

All diese Aufräumarbeiten haben zur Folge, dass du immer bewusster wirst. Und je größer dein Bewusstsein wird, umso mehr Lebensfreude, Genuss und Erfüllung werden möglich. Meist braucht es einen kleinen »Anschubser«, um mit dem Aufräumen zu beginnen, eine Art inneren Startschuss. Vielleicht leidest du an

einem körperlichen Symptom und beginnst deswegen mit einer Reinigungs- oder Detox-Kur. Möglicherweise spürst du jetzt auch das Bedürfnis, in deinem eigenen Gefühlshaushalt aufzuräumen und emotional »reinen Tisch« zu machen. Oder du nimmst den Impuls wahr, eine gründliche Gesamtinventur vorzunehmen: beruflich, zwischenmenschlich und in deiner Beziehung. Das muss manchmal einfach sein, und es wird dich deutlich befreien und erleichtern. Du wirst anschließend fokussierter deinen Weg gehen und bewusster spüren, worauf du deine Aufmerksamkeit richten möchtest.

Eine Inventurwoche

Eine Inventurwoche kann tatsächlich wahre Wunder bewirken. Ernähre dich in diesen Tagen ganz bewusst und gesund, meide Zucker und trinke viel Wasser und grünen Tee. Wenn du magst, probiere auch gleichzeitig eine körperliche Detoxmethode (zum Beispiel Darm-/Leberreinigung).
Plane für jeden der ersten sechs Tage bestimmte Aufräumaufgaben in deinem Leben. Nimm dir zum Beispiel die ersten zwei Tage dafür, um Ordnung in deinem Zuhause zu schaffen. Miste deinen Kleiderschrank, deinen Keller und deinen Dachboden aus und verschenke all das, was du nicht mehr brauchst. Vielleicht magst du diese Dinge auch für wohltätige Zwecke spenden – umso besser!
In den Tagen drei und vier schlage ich dir vor,

dich einer emotionalen Inventur zu unterziehen, wie unten bei »Emotionales Detoxen« und in der folgenden Übung beschrieben. Kläre alles Wichtige für dich, in einer Form, die dir guttut. Am Ende solltest du ein neutraleres Gefühl haben, wenn du chronologisch deine Liste durchgehst.

In den Tagen fünf und sechs kannst du nun dein Leben allgemein einer Inventur unterziehen. Schreibe auf, was in verschiedenen Lebensbereichen eigentlich nicht mehr zu dir passt: Beruf, Kontakte, Aktivitäten. Sei ehrlich zu dir. Symbolisch kannst du all die Dinge, die nicht mehr zu dir passen, jeweils auf einen Zettel schreiben und diesen in einen kleinen Eimer werfen. Am Ende entsorgst du alle Zettel, indem du sie in eine große Mülltonne wirfst oder – besser noch – in einem kleinen Ritual symbolisch verbrennst.

Vielleicht magst du auch innerlich eine große Blechtonne visualisieren, in die du stets bei Bedarf deinen ganzen persönlichen Ballast abgeben kannst. Ich denke dabei immer mit Schmunzeln an Oskar aus der Tonne, eine Cartoonfigur. Das verleiht der ganzen Angelegenheit etwas Humor.

Am siebten Tag deiner Inventurwoche darfst du dich ein wenig ausruhen. Bravo, du hast wunderbare Arbeit geleistet! Vielleicht magst du dich auch belohnen mit etwas Wellness und Entspannung? Bestimmt wirst du in den nächsten Tagen bemerken, dass dich deine Inventurwoche sehr erleichtert hat und Platz entstanden ist für neue und erfrischende Klarheit in deinem Leben.

> Eine Gefühls-
> inventur kann dir
> helfen, in deinem
> emotionalen
> Haushalt
> aufzuräumen.

Emotionales Detoxen

Genauso, wie wir unsere Wohnung regelmäßig aufräumen und sauber machen, sollten wir auch mit unserem Gefühlshaushalt umgehen. Fast jeder von uns trägt »Gefühlsrückstände« mit sich herum. Dieser emotionale Ballast hat sich durch bestimmte Erfahrungen in uns angesammelt, die auf der Gefühlsebene noch nicht abgeschlossen sind.

Dabei kann es sich um ganz verschiedene Gefühle handeln: Ärger oder Groll, weil wir uns beruflich oder privat ungerecht behandelt gefühlt haben; nicht gelebte Trauer nach dem Verlust eines geliebten Menschen; Wut gegenüber dem (Ex-)Partner oder den Eltern, die nie gefühlt und ausgedrückt wurde; Schuldgefühle und Reue, weil wir selbst uns nicht korrekt verhalten haben.

Oft beschreiben Ratgeberbücher Vergebung als einen ganz wertvollen Prozess, der uns helfen kann, Frieden mit anderen Menschen und uns selbst zu finden. Das stimmt auch! Was allerdings oft übergangen wird und in meinen Augen sehr wichtig ist: Vergebung kann erst aufrichtig und von Herzen erfolgen, wenn wir uns zuvor den Gefühlen stellen, die noch nicht angeschaut wurden!

Alten Gefühlsballast loslassen
ZEIT FÜR EIN KLÄRUNGS-RITUAL

Praxisanleitung

Schreibe in Ruhe die Namen aller Menschen auf, denen gegenüber du noch unbewältigte Gefühle verspürst. Sei ehrlich dir selbst gegenüber; manchmal sind Situationen noch nicht bereinigt, die sich schon vor langer Zeit abgespielt haben und von denen du dachtest, sie würden dir nichts mehr ausmachen.

Liste chronologisch deinem Lebensverlauf folgend die Namen der entsprechenden Menschen und Situationen auf und notiere dahinter, welche Gefühle du damals verspürt hast und vielleicht auch noch heute spürst, wenn du daran zurückdenkst. Vielleicht bist du überrascht, wie lang diese Liste wird, und möglicherweise entdeckst du einen roten Faden in den Geschehnissen und deinen Gefühlen.

Wenn du die Liste jetzt durchgehst, unterstreiche die Namen, bei denen du noch besonders viel Resonanz spürst. Hier gibt es etwas zu fühlen und zu bereinigen. Das wird es dir ermöglichen, dich zunächst

> »Wir können keinen Frieden in der äußeren Welt finden,
> solange wir keinen Frieden mit uns selbst schließen.«
>
> Buddha

von dem zu befreien, was deine Energie noch in dieser Situation bindet, um dann später der betreffenden Person ehrlich vergeben zu können.

- Stell dir vor, die Person, die du für das Klärungs-Ritual ausgesucht hast, wäre bei dir. Platziere zwei Stühle einander gegenüber, einen für die andere Person und einen für dich. Symbolisch kannst du auch etwas auf den anderen Stuhl legen, das für diese Person steht, zum Beispiel einen Zettel mit ihrem Namen. Du wirst überrascht sein, wie gut diese Übung funktioniert.

- Richte deinen Stuhl vom Abstand so aus, wie es sich richtig anfühlt, dann nimm Platz darauf, atme tief durch und schließe für einen Moment lang die Augen. Stell dir vor, die andere Person säße dir gegenüber. Spüre, wie sich das anfühlt.

- Dann öffne die Augen und beginne auszusprechen, was dir in den Sinn kommt. Versuche dabei stets mit einem Teil deiner Aufmerksamkeit bei deinem Körperempfinden zu bleiben und erzähle von deinen Gefühlen. Es kann sein, dass Tränen fließen oder dass du wütend wirst. Sag zum Beispiel: »Es hat mich so verletzt, dass … Ich hätte mir … gewünscht« oder »Es tut mir leid, dass ich damals … Ich habe mich deswegen so verhalten, weil …«

- Übe dich darin, alle deine Empfindungen willkommen zu heißen. Vermeide Beschuldigungen und Vorwürfe; es geht darum, das zu fühlen, was in dir geschieht, nicht darum, die andere Person zu verändern. Genau das ist »emotionales Detoxen« – die Gefühle noch einmal zu spüren, damit sie dein System dann verlassen können.

→

> **Nur wenn die Gefühle an die Oberfläche kommen, können sie gehen. Dieser Prozess schenkt dir neue Freiheit.**

- Wenn du eine Zeitlang deine Gefühle ausgedrückt hast, schließ noch einmal die Augen und stell dir die Person vor deinem inneren Auge vor, nachdem du ihr all das gesagt hast.

- Spürst du jetzt ein friedlicheres Gefühl ihr gegenüber? Wenn ja, danke dir selbst für diese Gefühlsarbeit, die du soeben geleistet hast, und winke der anderen Person innerlich symbolisch zu.

- Wenn du merkst, dass es sich noch nicht rund anfühlt, führe die Übung noch weiter. Es kann sein, dass du plötzlich auf eine weitere Gefühlsschicht stößt, beispielsweise Wut. Spüre auch diese und drücke sie aus.

- Manchmal brauchst du auch mehrere Wochen, in denen du diese Übung mit der vorgestellten Person wiederholst, um die Beziehung zu klären. Das ist völlig in Ordnung, nimm dir die Zeit, die du brauchst, bis du wirklich das Gefühl hast, damit abschließen zu können.

- Eine alternative Möglichkeit, ungeklärte Gefühle zu bereinigen, besteht darin, sie aufzuschreiben. Ob du den Brief dann tatsächlich abschickst, kannst du dann immer noch entscheiden, viel wichtiger ist es, dass du dich dadurch von altem emotionalen Ballast befreien kannst. Papier ist geduldig, und du kannst dir alles von der Seele schreiben, was dir zu dieser Person oder dieser alten Situation einfällt. Nimm dir auch hierbei genug Zeit, auftretende Gefühle und Wahrnehmungen willkommen zu heißen.

Wie **VERGEBUNG** *dich befreit*

Wenn du deine Gefühle wirklich gespürt und ausgedrückt hast, wirst du irgendwann ein neutraleres Empfinden den betreffenden Personen gegenüber haben. Du hast auf emotionaler Ebene alten Ballast fachgerecht entsorgt. Erst jetzt kann wahre Vergebung geschehen, und durch diesen letzten Schritt machst du nicht nur dem anderen, sondern vor allem dir selbst ein großes Geschenk:

Dein Herz kann sich wieder öffnen.

Vergeben darfst du auch dir selbst. Fehler zu machen ist menschlich. Doch häufig richten wir Schuldgefühle, Ärger und Groll gegen uns selbst, ohne uns dessen bewusst zu sein, und schaden uns damit. Nimm dir Zeit, auch diese Gefühle zu spüren, vor allem dein Bedauern über das, was vielleicht durch dein Tun geschehen ist, und stell dir dann vor, was du einem guten Freund in dieser Situation sagen würdest. Versuche, dir selbst mit ebenso viel Verständnis zu begegnen und dir zu verzeihen.

Frage dich abschließend: Was hast du durch die Situationen und Menschen auf deine Liste für dich gelernt?

Durch bewusste Gefühlsarbeit lassen sich »emotionale Hausaufgaben« lösen. Jede Beziehung und berufliche und private Situation, besonders wenn sie schwierig ist, birgt eine Lernaufgabe. Haben wir diese auf emotionaler Ebene verstanden und integriert, braucht sie sich nicht zu wiederholen – andernfalls schon! Wenn du durch eine ehrliche und lebendige Gefühlsinventur gehst, deine Empfindungen willkommen heißt und schließlich erkennst, welche Botschaften sich durch die entsprechenden Menschen und Gelegenheiten geboten haben, machst du in deiner persönlichen Entwicklung einen großen Schritt. Du befreist dich von alten Gefühlsblockaden und kommst immer mehr ins Hier und Jetzt, ohne noch an die Vergangenheit gebunden zu sein.

GLAUBE AN DICH

Das eigene
SELBSTVERTRAUEN
stärken

Stell dir vor, du könntest alles tun, alles sein, alles erleben, was du möchtest. Vorbei die Zeiten von bescheidener Zurückhaltung und Routine, stattdessen mit Kopfsprung ins Leben deiner Träume. Lebendig und frei – weil du weißt, dass du dich jederzeit auf dich verlassen kannst. Klingt gut, nicht wahr?

Es ist möglich. Den wichtigsten Schritt hast du durch deine Entscheidung für dich und deine Wahrheit schon gemacht. Jetzt ist es an der Zeit, den Glauben an dich selbst zu stärken. Denn Selbstvertrauen ist so etwas wie der Sprit, der dir auf der Straße in dein neues Leben den nötigen Drive verleiht.

Selbstvertrauen im Alltag stärken
Den Boden spüren

Hört sich selbstverständlich an, hat aber eine große Wirkung: Konzentriere dich immer mal wieder zwischendurch auf den Boden unter deinen Füßen. Spüre, dass dieser dich jederzeit trägt, egal in welcher Situation. Wenn du magst, stell dir bei Unsicherheit zusätzlich Wurzeln vor, die dich im Boden verankern. Je intensiver dein Körper dieses Gefühl integriert, desto mehr Vertrauen wirst du empfinden.

Finde einen Vertrauens-Talismann

Das kann ein Halbedelstein in deiner Hosentasche sein – zum Beispiel Moosachat oder

> »Denk dran, wenn du eine Hand brauchst,
> die dich unterstützt: Sie befindet sich am
> Ende deines Armes.«
>
> Audrey Hepburn

Diopsid, denen man nachsagt, dass sie das Selbstvertrauen stärken. Ein Schmuckstück, das du jeden Tag trägst, eignet sich auch gut. Halte deinen Talisman öfter in der Hand und richte dabei deine Gedanken auf alles, was dich stärkt.

Arbeite mit Affirmationen

Diese positiven Formeln bringen deinen erwünschten Zustand auf den Punkt und prägen sich deinem Unbewussten ein. Sag dir morgens vor dem Aufwachen, abends vor dem Schlafengehen und zwischendurch:
»Ich vertraue mir und meinen Fähigkeiten«,
»Ich vertraue darauf, dass das Leben mich trägt«,
»In mir ist alles, was ich brauche«
… oder ähnliche Sätze, die sich für dich gut anfühlen. Affirmationen sind sehr wirksam und verhelfen zu innerer Klarheit und Fokus, in diesem Fall auf die Entwicklung von mehr Selbstvertrauen.

Nimm dir Zeit, um ganz bewusst zu spüren, wie sich deine Affirmationen in dir anfühlen. Was passiert in deinem Körper, in deinen Gedanken? Genieße dein positives Empfinden und stell dir vor, dass du es innerlich abspeicherst.

Die Sicherheit, die du in dir selbst erschaffst, spiegelt sich im Außen, nicht umgekehrt.

Innere Sicherheit finden

Bei uns im Westen zeigt sich eine große Sehnsucht nach äußeren und materiellen Sicherheiten. Unmengen von Verträgen, Paragraphen und Versicherungspolicen sind Ausdruck dieses Bedürfnisses nach äußerem Halt. Dabei sind sich die meisten Menschen leider nicht bewusst, dass sie Sicherheit an der falschen Stelle suchen. Denn der Halt, den sie finden wollen, fehlt eigentlich im Innern. Und an dieser Stelle muss er auch ansetzen.

Deine innere Stimme gepaart mit der Gewissheit, deinen eigenen Weg zu gehen, kann dich viel glücklicher machen, als äußere Umstände dazu jemals in der Lage wären.

Selbstvertrauen ankern
DEINE STÄRKENDE KÖRPERGESTE FÜR ZWISCHENDURCH

Praxisanleitung

Diese Übung wird dir dabei helfen, dich an das Vertrauen in dich und deine Fähigkeiten zu erinnern und die damit verbundenen Gefühle jederzeit abzurufen.

- Mach es dir gemütlich an einem schönen Platz, wo du ungestört bist. Erinnere dich an einen Moment, wo du Selbstvertrauen emp- funden hast, vielleicht auch Stolz. Vielleicht war es ein Tag, an dem du auf dem Siegertreppchen gestanden und eine Medaille für deine sportlichen Erfolge empfangen hast oder einfach eine Gelegenheit, wo du so richtig im Einklang mit dir warst, voller Tatendrang und Mut. Dein Inneres weiß genau, wann das gewesen ist!

- Schließe die Augen und genieße diese Erinnerung, koste sie mit allen Sinnen aus. Welche inneren Bilder siehst du, was fühlst du emotional und auf Körperebene? Vielleicht erinnerst du dich auch an weitere Sinneseindrücke – wunderbar. Lass die Erinnerung so lebendig wie möglich werden.

- Dann finde ein Wort, das diese Erinnerung für dich symbolisiert. Vielleicht ist es einfach »Vertrauen« oder der Name des Ortes, wo du warst – sei kreativ, es muss für dich stimmen.

- Lege die Hand auf dein Herz und stell dir vor, du speicherst dieses Gefühl ab, verbunden mit dem Wort. Bleib mit der ganzen Aufmerk- samkeit in diesem Moment und fühle deine Hand auf deinem Herzen.

Du hast jetzt in dir einen Anker für das Gefühl von Selbstvertrauen geschaffen. Jedes Mal, wenn du deine Hand auf dein Herz legst, wird sich ein Teil von dir an das Gefühl erinnern, das in deinen Zellen gespeichert ist. Lege deshalb in der nächsten Zeit täglich immer mal wieder die Hand auf dein Herz, um dich zu erinnern und den Anker noch mehr zu festigen.

Sei dir
DEINER WERTE
bewusst

Hast du dich schon einmal ganz bewusst mit deinen persönlichen Werten beschäftigt? Diesen zu folgen ist ein wichtiger Baustein für ein Gefühl von Stimmigkeit in deinem Leben. Denn je besser du dich selbst und deine Prioritäten kennst, desto klarer weißt du, was du brauchst, um glücklich zu sein.

Mit Werten meine ich all die Qualitäten, die dir in deinem Leben wichtig sind. Für den einen ist Freiheit der wichtigste Wert, für den anderen Familie. Für manche Menschen spielt Spiritualität eine entscheidende Rolle, anderen Personen wiederum sind materielle Aspekte wichtiger. Authentische Werte schaffen Klarheit und bringen alles in Fluss, sie sind wie die Eckpfeiler eines erfüllten Lebens.

Was entspricht dir wirklich?

Es gibt in der Welt der Werte kein richtig oder falsch, genauso wie keine Religion richtig oder falsch ist. Wichtig ist einfach, sein Leben im Einklang mit den eigenen Werten zu gestalten und nicht gegen diese zu leben. Denn nur dann hast du genug Raum, so zu sein, wie du bist, und kannst dich und dein Pozential entfalten. Häufig passiert es, dass Menschen im Aufwachsen und auch später noch automatisch die Werte ihres Umfelds übernehmen und irgendwann feststellen, dass diese gar nicht ihrer inneren Wahrheit entsprechen. Als Kind ist es ja auch nur allzu natürlich, das anzunehmen, was von der eigenen Familie vermittelt wurde. Als rebellischer Teenager besteht dann nicht selten das Bedürfnis, das Gegenteil zu leben …

Doch als Erwachsene auf dem Weg zu persönlicher Freiheit und Wahrheit haben wir alle die Möglichkeit, uns ganz bewusst neu für uns und ein Leben im Einklang mit unseren Werten zu entscheiden!

Wenn du dich durch die Übung auf der nächsten Seite mit deinen Werten beschäftigst, stellst du vielleicht fest, dass dein Leben hier und da im Widerspruch zu bestimmten inneren Werten steht. Keine Sorge, das ist sehr menschlich und es geht vielen von uns so. Wenn zum Beispiel dein/e Lebenspartner/in teilweise andere Werte verfolgt, werdet ihr vermutlich manchmal anecken. Gesunde Kompromisse sind dann natürlich sinnvoll.

Wichtig ist aber, dass du erkennst, dass ein Verleugnen deiner wahren Werte dich niemals glücklich machen wird und dich davon abhält, dein Potenzial zu entfalten.

Sei es dir wert – im wahrsten Sinne –, authentisch dieser Richtschnur zu folgen. Dann wird dein Leben in Fluss kommen und dein inneres Licht wird immer heller strahlen. Wenn du deine Wahrheit lebst, wirst du außerdem andere damit anstecken.

Was wirklich für dich zählt
ERKENNE DEINE GRUNDWERTE

Praxisanleitung

Die folgende Übung schafft schnell innere Klarheit über deine persönlichen Werte – auch wenn du glaubst, diese schon gut zu kennen.

• Schreibe alles auf, was dir in deinem Leben wichtig ist. Schreibe mindestens ein ganzes Blatt voll und wenn dir nichts mehr einfällt, versuche noch weitere Aspekte zu finden.

• Fasse deine gesammelten Punkte auf einem zweiten Blatt unter Kategorien zusammen, für die du einen Oberbegriff findest. Wenn du zum Beispiel Aspekte wie »Mein Partner«, »meine Freundinnen«, »meine Kollegen« notiert hast, wäre der Oberbegriff »Beziehungen« passend. »Mein Haus«, »mein Pool«, »mein Auto« würde prima unter die Kategorie »materieller Wohlstand« passen, und Punkte wie »Weiterbildung«, »Seminare«, »Training« usw. könntest du unter dem Stichwort »Persönliche Entwicklung« zusammenfassen.

• Dann entscheide dich unter den gesammelten Oberbegriffen für fünf Hauptwerte, indem du diejenigen einklammerst, die dir nicht ganz so wichtig sind.

• Bring deine fünf Hauptwerte in die für dich stimmende Reihenfolge. Werte Nummer 1 bis 3 sind praktisch deine Grundwerte. Voilà, hier siehst du schwarz auf weiß die Richtschnur für dein glückliches Leben!

• Frage dich nun ganz ehrlich, inwieweit du aktuell nach diesen Werten lebst, inwiefern das Bedürfnis danach erfüllt ist. Schreibe auch dies auf!

• Wie und durch welche Maßnahmen könntest du dein Bedürfnis, deine Werte zu leben, Schritt für Schritt noch besser umsetzen?

»Der *Körper* ist der Übersetzer der SEELE ins Sichtbare.«

Christian Morgenstern

Deinem
KÖRPER
vertrauen

Auf dem Weg zu mehr Selbstvertrauen spielt dein Körper eine ganz entscheidende Rolle. Mit ihm besitzt du einen zuverlässigen Kompass, der dir in jedem Moment deines Lebens Orientierung und Signale schickt bezüglich all dessen, was in dir und um dich herum geschieht. Voraussetzung ist, dass du dich richtig wohl in deiner Haut fühlst und deinen Körper zu deinem Verbündeten, zu deinem Freund machst. Das Praktische dabei ist: Du hast ihn überall dabei!

Täglich begegnen uns Bilder von perfekten schlanken Körpern und bei so viel Werbung kann man leicht den Eindruck bekommen, das eigene Selbstvertrauen hinge vor allem von unserem Äußeren ab. Tappe nicht in diese Falle – Modelmaße allein entscheiden zum Glück nicht über unser Selbstvertrauen. Der ganze Körperkult bedeutet oft nichts anderes als eine

> **Je klarer du deinen eigenen Weg gehst, desto mehr wirst du von innen leuchten und äußere Ideale werden zunehmend unwichtig!**

Suche nach Liebe und Anerkennung im Außen. Das macht nicht glücklich. Wahre Schönheit kommt bekanntlich von innen.

Dein Körper ist in Wahrheit ein Wunder. Er verdient nicht nur, gut behandelt, sondern sogar gefeiert zu werden! Als das Zuhause unserer Seele möchte er uns von Anfang bis Ende unseres Lebens dienen und freut sich sehr, wenn wir seine Sprache verstehen.

Bodybliss

Mit diesen sechs Schlüsseln findest du zu Körperweisheit und Selbstvertrauen.

1. Schlüssel: Der Atem

Die Atmung ist so etwas wie das Bindeglied zwischen Körper und Seele. Wenn du bewusst tief, fließend und gleichmäßig atmest, nimmst du dein Leben vollständiger wahr. Versuche auch Folgendes: Wann immer du eine intensive Körperwahrnehmung spürst, egal ob angenehm oder unangenehm, atme tief ein und sag innerlich

Willkommen dazu. Das ist eine gute Möglich-keit, um Raum zu schaffen, damit alles in dir sein darf.

2. Schlüssel: Enge und Weite

Dein Körper signalisiert dir durch ein Gefühl von Enge und Weite ziemlich genau, was für dich wahr ist und was nicht. Nimm dir Zeit, um ein bisschen zu üben, wie dein Körper sich bei einem Ja anfühlt und wie bei einem Nein. Vielleicht zwickt es in deinem Magen, wenn dir jemand einen Vorschlag macht, der für dich nicht stimmt. Oder du musst automatisch lächeln, wenn dein Körper seine Zustimmung zu etwas gibt, und merkst, dass sich etwas in dir entspannt.

3. Schlüssel: Rücken und Füße

Wenn du im Alltag ganz praktisch dein Selbst-vertrauen fördern möchtest, übe dich in der Wahrnehmung deines Rückens und deiner Füße. Warum? Weil beide dir ein Gefühl von Halt und Getragensein vermitteln können. Halte immer wieder mal inne, um den Boden unter deinen Füßen zu spüren. Wenn du sitzt, sorge dafür, dass dein unterer Rücken unterstützt ist. Stress geht uns bekanntlich an die Nieren, die in dieser Region sitzen, und durch diesen ein-fachen Trick bekommst du schnell wieder ein Gefühl von innerem und äußerem Halt.

4. Schlüssel: Energiefluss

Der vierte Schlüssel zu Selbstvertrauen und Harmonie mit deinem Körper besteht darin, dass du seine Energie zum Fließen bringst. Das funktioniert sogar relativ einfach. Immer wenn du merkst, dass etwas in dir stockt – Kopfschmerzen durch zu viel Arbeit am PC, verspannte Schultern und Nacken, Bauchweh durch Stress oder unangenehme Gefühle –, gehe in die Natur und bewege dich. Vielleicht ein Spaziergang im Park in der Mittagspause, eine Tai-Chi-Übung auf der Terrasse, eine Runde joggen um den See. Bring vor allem Bewegung in deine Füße, um dich zu erden, also auf den Boden der Tatsachen zu kommen. Atme bewusst und visualisiere dabei, wie deine Energie buch-stäblich wieder ins Fließen kommt.

5. Schlüssel: Spiegelarbeit

Nutze den Spiegel nicht nur zum Schminken, Zähneputzen oder zur Überprüfung deiner Fri-sur, sondern nimm dir Zeit, im Spiegel bewusst das zu entdecken, was dir an dir gefällt. Blicke in deine Augen und begrüße dich, beginne ein freundliches Gespräch mit dir selbst. Ich weiß, am Anfang kommt einem das wirklich komisch vor. Aber versuche dich darauf einzulassen und rede aufbauend mit dir wie mit einer guten Freundin. Du kannst zum Beispiel sagen: »Gut siehst du heute aus« oder »Was kann ich dir

Lebe im Moment.

heute Gutes tun?« Übe täglich einen kleinen freundlichen Dialog mit dir im Spiegel, das wird dein Selbstvertrauen deutlich stärken!

6. Schlüssel: Meditation

Zur besseren Wahrnehmung deines Körpers ist es sehr hilfreich, regelmäßig zu meditieren. Dazu brauchst du keine spezielle Technik oder viel Vorbereitung, sondern nur etwas Zeit, in der du ungestört bist. Wenn du magst, bewege dich vorher, das ist eine gute Voraussetzung für eine entspannte Meditation. Setz dich dann aufrecht hin und sorge für eine Haltung, in der du es in den nächsten 20 Minuten bequem hast. Beobachte in der Meditation, was in dir geschieht: deine Gedanken, deine Körperempfindungen. Versuche möglichst nicht zu bewerten, was du in dir wahrnimmst. Sei einfach präsent. Spüre gleichzeitig den Boden unter dir und deinen Atem. Das ist schon alles. Du wirst dich zunehmend ruhiger und zentrierter fühlen, wenn du regelmäßig ein wenig meditierst. Meditation bedeutet, runterzufahren und nach Hause zu kommen – zu dir selbst.

Ins Hier und Jetzt kommen

Jeder neue Augenblick ist ein Geschenk. Die Vergangenheit ist vorüber und die Zukunft noch nicht da, aber das Hier und Jetzt bietet zahlreiche Möglichkeiten. Manchmal reicht ein einziger Augenblick, um das Leben grundlegend zu verändern.

Bestimmt kennst du es – wie jeder Mensch –, wenn Gedanken über die Zukunft oder Ereignisse und Gefühle aus der Vergangenheit dein gegenwärtiges Bewusstsein beschäftigen, manchmal regelrecht blockieren. Wir zerbrechen uns den Kopf über dies oder jenes, die Atmung ist flach, wir sind angespannt und werden immer handlungsunfähiger, je stärker wir grübeln! Erst durch Loslassen und Zurückkommen in den gegenwärtigen Moment löst sich die Anspannung auf körperlicher, gedanklicher und emotionaler Ebene.

Wie gelingt es jedoch, die Aufmerksamkeit trotz zahlreicher innerer und äußerer Reize auf den gegenwärtigen Moment zu richten? Ganz einfach: Durch Konzentration auf den eigenen Körper. Das bedarf etwas Übung, die aber durch eine größere Präsenz in der Gegenwart belohnt wird.

Der erste und wichtigste Schritt, um mit der Aufmerksamkeit in den gegenwärtigen Moment zu gelangen, besteht darin, deine Füße fest und flächig auf den Boden zu stellen. Nimm dir Zeit, um den Unterschied zu spüren. Wenn du dich zunächst gar nicht geerdet fühlst, laufe einen Moment auf der Stelle, um die Energie in die Füße zu bringen.

Spüre dann erneut den Kontakt zum Boden und experimentiere ein wenig mit dem Druck der Füße. Du kannst für eine Weile mit der Einatmung leichten Druck mit den Füßen nach unten ausüben, den du mit der Ausatmung wieder löst. Ganz ruhig, in deinem eigenen Rhythmus. Schließe dann für eine Weile deine Augen und spüre bewusst den Rest deines Körpers. Wie fühlen sich Arme und Beine an, wie der Rücken? Wie nimmst du Kiefer und Schultern wahr? Bewerte dein Körperempfinden nicht, beobachte einfach. Gibt es etwas in deinem Körper, was positiv auf sich aufmerksam macht? Vielleicht ein warmes Kribbeln in den Händen oder ein Gefühl von Energie in den Beinen? Genieße für eine weitere Minute dieses Empfinden.

Bleibe dann mit einem Teil deiner Aufmerksamkeit dabei, während du langsam wieder die Augen öffnest. Registriere ganz achtsam deine Umgebung. Welche Farben entdeckst du? Wie ist das Licht, wie die Stimmung?

Wann immer du merkst, dass sich deine Wahrnehmung ausschließlich im Außen, in der Vergangenheit oder in die Zukunft verirrt, wiederhole diese Übung für etwa drei Minuten. Du wirst staunen, wie gut das funktioniert!

Weil du
ES DIR WERT
bist

Jeder Mensch freut sich über Wertschätzung durch andere. Ob wir sie selbst empfangen oder einem anderen gegenüber äußern – beides fühlt sich einfach wunderbar an. Jeder gewinnt dabei, wenn die Wertschätzung echt ist und von Herzen kommt. Dahin führt ein ganz bestimmter Weg, auf dem ein wichtiger Schritt immer wieder gegangen werden muss: die Wertschätzung deiner selbst!

D abei gibt es natürlich allerlei Möglichkeiten, wie du dich darin üben kannst. Aber ich glaube, dass oft etwas Wesentliches übersehen wird, was zuerst Beachtung finden möchte – nämlich die gegenteiligen Gefühle. Sie machen den Wunsch nach Wertschätzung von außen erst so groß.

Die »Wertlosigkeitswunde« heilen

Viele Menschen sind damit beschäftigt, Strategien zu entwickeln, um etwas Bestimmtes nicht zu fühlen. Die meisten von uns tragen alte Wunden aus Situationen in sich, in denen sie Gefühle von Wertlosigkeit und Scham gespürt und anschließend verdrängt haben. Ich nenne dies »die Wertlosigkeitswunde« – ein sehr menschliches und leider oft vernachlässigtes Phänomen.

Solange die alten Gefühle nicht irgendwann einfach gefühlt werden, werden sie immer einen Teil deiner Energie binden und dich unter Druck setzen, dir selbst und anderen deinen Wert zu beweisen. Letztlich ist das nicht echt und sehr anstrengend. Ich bin sicher, dass das Gegenteil viel heilsamer ist und dich körperlich und seelisch sofort aufatmen lässt. Deshalb ist es auf deinem neuen Weg in ein authentisches und freies Leben sinnvoll, eine neue Einstellung zu den Anteilen von dir zu gewinnen, die bislang ein Schattendasein führen. Wenn du einen Anflug dieser alten Gefühle spürst, versuche sie nicht wegzudrängen, sondern willkommen zu heißen! Atme tief ein, spüre deinen Körper und erlaube den alten Emotionen, an die Oberfläche zu kommen. Das ist schon alles!

Du wirst überrascht sein, weil sofort mehr Raum in dir entsteht. Gleichzeitig behältst du dein erwachsenes Bewusstsein und erkennst, dass dies einfach ein harmloses altes Gefühl ist, nichts Gefährliches, was du übertünchen und verbergen musst. Sei ganz authentisch! Auf dieser Basis beginnt dein wahres Selbstwertschätzungsprogramm, welches es dir ermöglichen wird, auch andere erst so richtig in allen Facetten und ihrem wahren Wert zu erkennen.

Weil ich es mir wert bin

In dein neues Leben gehören unbedingt ein liebevolles Ja zu dir selbst und eine Wertschätzung deiner vielen Aspekte. Vielleicht erinnerst du dich an den erfolgreichen Werbeslogan eines Kosmetikherstellers, der lautete: »Weil ich es mir wert bin«? Mach diese Worte zu deinem neuen Grundsatz!

Sei es dir wert, zu fühlen, wer du wirklich bist und was du brauchst. Nimm dir jeden Abend eine Weile ganz für dich allein, in der du deinen Tag Revue passieren lässt und für dich reflektierst, wie du heute wertschätzend mit dir umgegangen bist. Dabei rate ich dir, dich nicht auf materielle Fakten zu konzentrieren, wie zum Beispiel: »Ich bin wertvoll, weil ich heute xy Euro an Umsatz gemacht habe.« Schau vielmehr nach, wie du gut und respektvoll mit dir selbst umgegangen bist. Wertschätze dich dafür, dass du heute deine Gefühle bejaht hast, ein altes Muster durchbrochen oder mal Nein gesagt hast, bei deiner Diät geblieben oder zum Sport gegangen bist.

Schatzsuche:
Wertschätzung für alle

Wunderbar ist auch folgende Übung zur gegenseitigen Wertschätzung – in jeder Art von Gruppe oder Team kann sie das Miteinander bereichern und wertvoller gestalten.
Triff dich mit Freunden, Bekannten und/oder Kollegen und setzt euch in einen Kreis. Dann kommt jeweils für ein paar Minuten mit eurem Nebenmann zusammen. Sagt euch nacheinander, was ihr aneinander mögt und schätzt. Einer spricht für die Dauer einer vorher vereinbarten Zeit, während der/die andere zuhört und die wertschätzenden Worte auf sich wirken lässt. Zum Beispiel: »Ich mag an dir, dass du immer gute Laune verbreitest. Das tut unserem Büro richtig gut. Außerdem hast du einen prima Humor. Immer wenn ich dich sehe, muss ich schmunzeln.« Anschließend können neue Paare gebildet werden.
In »wertschätzen« steckt das Wort Schatz. Jeder trägt einen ganz persönlichen Schatz in sich, der sich entfalten möchte. Manchmal erkennt man diesen von außen noch leichter! Auch zu Menschen, mit denen man vorher kaum zu tun hatte, kann ein neuer netter Kontakt entstehen, einfach durch diesen positiven Fokus. Bei dieser Übung beginnen immer wieder die Augen und Gesichter zu strahlen!

Was hast du schon alles geschafft?

Dein Selbstvertrauen wird wachsen, wenn du dir bewusst machst, was du in deinem Leben schon alles geschafft hast. Denn das ist bei fast

Das Leben ist eine Reihe
von Tausenden winzigen Wundern.
Bemerke sie.

allen Menschen eine ganze Menge, so bestimmt auch bei dir!

Ich persönlich empfinde es als großes Manko unserer Zeit, dass der Fokus in Beruf und Erziehung oft auf dem liegt, was gerade nicht klappt. Gutes wird hingegen häufig einfach selbstverständlich genommen. Dabei fühlt sich bewusste Wertschätzung dessen, was gut läuft, so viel besser an und ist wesentlich produktiver! Sie sollte an erster Stelle stehen, vor allem anderen. Denn dann beginnen Menschen an sich zu glauben und über sich hinauszuwachsen.

Beginne mit der Wertschätzung dessen, was du schon alles geschafft hast. Schreib es schwarz auf weiß auf – die großen wie die kleinen Dinge –, denn das macht es umso deutlicher: Sei es dein Abitur, die Siegerurkunde beim Sportfest, den Mann/die Frau deiner Träume anzusprechen, ein Bewerbungsgespräch für einen neuen Job für dich entschieden zu haben, ein Kind geboren, ein Haus gebaut, mit dem Rauchen aufgehört zu haben, allein in Urlaub geflogen

zu sein, dich erfolgreich weitergebildet oder dein Herz wieder der Liebe geöffnet zu haben … Wow, eine ganze Menge, nicht wahr?

Falls du jetzt denkst: »Ach, das ist ja alles nix Besonderes, das kann doch jeder, ich müsste eigentlich höher, schneller und weiter kommen …«, dann halte bewusst inne und mach dir klar, dass hier der innere Kritiker spricht, den ich in Teil 1 des Buches vorgestellt habe. Der innere Kritiker spricht aus dem Ego heraus und ist eine Stimme, die dich eher runterzieht als weiterbringt. Sie betont das Negative, wertet ab, nörgelt herum.

Deshalb schlage ich dir vor, bewusst eine neue Stimme auszubilden, die des »inneren Wertschätzers« nämlich. Sie ist Ausdruck deiner freundlichen, weisen Seele und spricht aufmunternd mit dir: »Hey, das Projekt hast du wirklich super hingekriegt bei der Arbeit. Hut ab!« Die Stimme des inneren Wertschätzers hebt deine Stimmung. Sie betont das Positive, nimmt auch kleine Details wahr und motiviert dich.

> Setze bewusst immer wieder den »inneren Wertschätzer« anstelle des »inneren Kritikers«.

»Wenn es einen *Glauben* gibt,
der BERGE VERSETZEN kann,
dann ist es der Glaube
an *die eigene* Kraft.«

Marie von Ebner-Eschenbach

Was
STÄRKT DIR
den Rücken?

**Bestimmt kennst du das Bild von dem halb-
vollen und dem halbleeren Glas. Ein Glas,
das bis zur Mitte mit Wasser gefüllt ist, kann
optimistisch als halbvoll betrachtet werden –
was ja auch stimmt – oder pessimistisch als
halbleer – was irgendwie auch stimmt. Es ist
eine Frage deiner inneren Haltung, deiner
Lebenseinstellung!**

Von nun an richte deinen Fokus immer
mehr auf all das Gute, was dich umgibt
und dir den Rücken stärkt. Das heißt nicht,
dass du Problematisches ignorierst, aber deine
Prioritäten liegen eindeutig auf dem Guten.
Stell dir vor, du betrachtest einen Sonnenun-
tergang. Der Himmel ist in gleißendes Licht
getaucht, die Sonne strahlt orangerot und
gleichzeitig sind ein paar Wolken am Himmel.
Wenn du deinen Blick auf die Sonne und das
Farbenspiel richtest, wirst du den Sonnenun-

tergang mit allen Sinnen genießen; nicht aber
wenn du dich nur auf die Wolken konzentrierst.
Der innere Fokus auf deine Ressourcen – all das
Gute, Stärkende – beschert dir nicht nur mehr
Lebensfreude und innere und äußere Vitalität,
sondern macht es auch möglich, das zu inte-
grieren, was weniger erfreulich ist: bestimmte
Gefühle, Schicksalsschläge, die Schattenseiten
des Lebens. Denn nur mit Boden unter den
Füßen und Rückendeckung können wir unser
Leben voll und ganz auskosten!
Deshalb lade ich dich ein, dir hier und heute
darüber bewusst zu werden, was dir alles den
Rücken stärkt – innerlich und äußerlich: deine
Freunde, dein Beruf, deine Kreativität, deine Lebendigkeit, deine Spiritualität … Diese Haltung
lässt sich richtig gut trainieren. Übung macht
den Meister! Zum Beispiel auf die folgende Art
und Weise.

Count your blessings

Schreibe ganz bewusst auf, was dich im Leben unterstützt. Berücksichtige alle Ebenen: emotional, physisch, zwischenmenschlich, finanziell. »Meine beste Freundin, mein Chef, meine Hobbys … meine Füße, die mich tragen … meine Ideen …«

Häng dir deine Liste gut sichtbar auf und wenn du magst, finde ein kleines Ritual, indem du all die Segnungen, die dir den Rücken stärken, würdigst. Vielleicht magst du eine Kerze anzünden und im Schneidersitz in eine kleine Meditation darüber einsinken? Spüre dabei besonders, wie sich der Gedanke an diese guten Dinge in deinem Körper anfühlt. Gib dir Zeit dafür, auch zwischendurch im Alltag. Je häufiger du das tust, desto mehr wirst du mit deinem ganzen Sein fühlen, wie das Leben dich trägt!

Das folgende Beispiel einer Bekannten zeigt, wie stark eine solche Übung wirken kann:
Maja war nicht unbedingt der Typ Mensch, der das Glas als halbvoll bezeichnen würde. Wollte sie jemand ermutigen, begannen ihre Erwiderungen meist mit »Ja, aber …«. Sie hatte einfach oft in ihrem Leben entmutigende Erfahrungen gemacht. Da sie sich aber dringend nach mehr Freude, Farbe und Lebendigkeit sehnte, begann sie, jeden Abend ein Ritual durchzuführen, um das Positive in ihrem Leben zu würdigen. Da sie nach ein paar Wochen langsam positive Veränderungen wahrzunehmen begann und Maja ein sehr konsequenter Mensch ist, führt sie dieses Ritual nun seit zwei Jahren täglich durch und möchte auf die dadurch neu gewonnene Leichtigkeit nicht mehr verzichten. Dankbarkeit zieht Freude nach sich!

»A GRATEFUL HEART is a magnet for *miracles*.«
Eileen West

Kopf, Herz und Bauch
IN EINKLANG
bringen

Wir alle haben drei wertvolle Berater in uns: den denkenden Verstand, das fühlende Herz und unseren unmittelbaren Instinkt. Vieles entscheiden wir mit dem Kopf, manches aber auch mit dem Herzen und oftmals auch spontan aus dem Bauch heraus, ohne genau zu wissen warum.

Bei den meisten Menschen ist eine Ebene am stärksten ausgeprägt. Wo fühlst du dich am ehesten zu Hause? Überwiegt bei dir das Denken und entscheidest du nach den Gesetzen der Logik, bist brillant im Analysieren und im sachlichen Argumentieren?

Oder nimmst du dein Leben, deine Umgebung und deine Mitmenschen eher fühlend wahr, mit viel Verständnis für andere in Not und mit einem großen Herzen?

Vielleicht machst du dir auch weniger Gedanken und entscheidest stattdessen spontan und instinktiv aus dem Bauch heraus, ohne dich von deinen Gefühlen und Bedenken ablenken zu lassen. Alle drei Typen haben besondere Stärken, aber auch Herausforderungen und Lernaufgaben.

Der Kopfmensch

Der Kopfmensch ist meist ein intelligenter Denker und guter Stratege, der auch in heiklen Situationen den Überblick behält. Sein Thema ist in vielen Fällen Kontrolle. Allerdings fehlt ihm oft der Zugang zu seinen Gefühlen und seinem Körper, auf diesem Terrain fühlt er sich meist nicht so sicher. Wenn du tendenziell ein Kopftyp bist, empfehle ich dir, dich mehr mit deinem Herzen zu beschäftigen und regelmäßig Körperwahrnehmung und Entspannung zu praktizieren. Dann kann dein Kopf ein wenig loslassen und muss nicht immer auf Hochtouren arbeiten.

Der Herzmensch

Vielleicht bist du auch eine Herzdame bzw. ein Mann mit viel Gefühl. Herzmenschen sind meist beliebt, denn in ihrer Gegenwart fühlen sich andere wahrgenommen und wertgeschätzt. Sie verbessern gern die Welt und ein Großteil von ihnen hat ein ausgeprägtes Helfersyndrom. Leider werden Herzmenschen leicht ausgenutzt, da sie oft besser auf andere als auf ihre eigenen Bedürfnisse und Grenzen achten.

Das kommt dir bekannt vor? Dann möchte ich dich ermuntern, drei Entwicklungsziele im Auge zu haben: Das erste Thema lautet *Selbstwert*. Du selbst bist unglaublich wertvoll und es ist ganz wichtig, dass du das erkennst und dir selbst diese Anerkennung zollst. Herzmenschen neigen nämlich dazu, so viel für andere zu tun, weil sie sich oft unbewusst die Bestätigung von außen wünschen, dass sie liebenswert sind. Aber erst, wenn du dich selbst anerkennst, wirst du tiefes Glück und authentisches Selbstwertgefühl entwickeln und aus dem Hamsterrad des Für-andere-da-Seins aussteigen können.

Das zweite Thema sind *Grenzen*. Als Herztyp bist du meist ein »Geber« und andere Menschen spüren das. Damit weder sie deine Grenzen missachten noch du selbst, ist es sehr hilfreich, dass du spürst, was in deinem Körper in solchen Situationen passiert. Nimm dir das Recht, auszudrücken, was in dir vorgeht, oder dich auch zurückzuziehen. Sobald du dir deiner Grenzen bewusster wirst, kannst du im Kontakt mit anderen besser bei dir bleiben und fühlst dich nicht länger ausgelaugt.

Die dritte Herausforderung für Herzmenschen ist ein *gesunder Egoismus*. Gefühlsmenschen denken oft, sie haben nicht das Recht, für sich selbst einzustehen, und wollen um keinen Preis der Welt egoistisch erscheinen. Was anderen selbstverständlich ist, nämlich sich zu nehmen, was man braucht, fällt Herzmenschen oft recht schwer. Aber du hast absolut das Recht dazu! **Es besteht ein wichtiger Unterschied zwischen Egoismus und Selbstfürsorge. Das eine entsteht aus Selbstsucht, das andere aus Selbstliebe.** Wenn du gut für dich sorgst und darauf achtest, dass dein Energiehaushalt in Balance bleibt, kannst du außerdem noch besser für andere da sein.

Der Instinkttyp

Vielleicht bist du aber auch bei den Instinktmenschen zu Hause. Die Herausforderungen des Kopf- und Herzmenschen sind dir relativ unbekannt, denn du hast selten ein Problem mit Gedanken oder Gefühlen, die sich dir in den Weg zu stellen scheinen. Du hast es in gewisser Hinsicht leichter, wenn du deinem Instinkt folgst und einfach machst, was du willst, und dir nimmst, was du brauchst. Wie die anderen beiden bist aber auch du herausgefordert, Anteile zu entwickeln, die dich bereichern können. Das ist vor allem dein Herz! Weil Menschen dieses Typs oft sehr impulsiv und schnell entscheiden, empfehle ich dir, dir ab sofort mehr Zeit zu nehmen. Dann kannst du deine Gefühle besser wahrnehmen und auch in deine Entscheidungen miteinbeziehen. Auch die anderen Menschen und deren Empfinden wirst du dann besser spüren können.

Deine inneren Berater befragen
KOPF, HERZ UND BAUCH MITEINBEZIEHEN

Praxisanleitung

Natürlich ist die Beschreibung der drei Typen mit ein bisschen Klischee gewürzt, um ihre Ausrichtung zu verdeutlichen. Selbstverständlich sind wir nicht ausschließlich das eine oder andere, sondern haben alle drei Instanzen in uns. Auch wenn unsere Hauptausrichtung vermutlich ein Leben lang bestehen bleiben wird, können wir die beiden anderen Pole in uns bewusst befragen und entwickeln.

Wenn du in deinem Leben alle drei inneren Stimmen zu Wort kommen lässt, wirst du nicht nur eine größere Harmonie in dir selbst erzeugen, sondern wahrscheinlich auch häufiger mit deinen Entscheidungen zufrieden sein. Die drei Berater können sich dann gegenseitig bereichern. Das ist viel angenehmer und zielführender, als wenn sie sich bekämpfen, etwa der Verstand gegen das Herz.

- Deshalb schlage ich dir Folgendes vor: Bei der nächsten Entscheidung, die in deinem Leben ansteht, lege drei Karteikarten an verschiedenen Stellen für die Position von Kopf, Herz und Bauch auf den Boden. Alternativ kannst du auch drei Stühle an unterschiedlichen Stellen platzieren.

- Stell dir nun die Frage, bei der du noch unentschieden bist, und nimm bewusst jede Position ein. Spüre, wie sich der jeweilige Standpunkt anfühlt, und mach dir Notizen, wenn du magst. Diese Übung kann dir helfen, eine ganzheitliche Entscheidung zu treffen.

Laura ist ein ausgesprochen gefühlsbetonter Herzmensch. Weil sie sich stets von ihren Emotionen leiten lässt und ihren logischen Verstand und Instinkt kaum wahrnehmen kann, hat sie diese Übung ausprobiert und als sehr hilfreich kennengelernt. Bei Entscheidungen in ihrem Leben nimmt sie nun stets für ein paar Minuten die verschiedenen Positionen ein, lässt Kopf und Instinkt zu Wort kommen und kann sich so eine ausgewogenere Meinung bilden. »Ich fühle mich meinen Gefühlen nicht mehr so ausgeliefert«, sagt sie.

Spieglein, **SPIEGLEIN** *an der Wand*

Auf dem Weg zu deiner neuen Freiheit wirst du dir selbst immer näherkommen und in vielerlei Hinsicht ungewohnte Wege gehen. Einer davon kann der tägliche Blick in den Spiegel sein. Eine geniale Erfindung, so ein Spiegel! Du kannst dich darin tatsächlich ganz neu entdecken.

Meist schauen wir beim Zähneputzen, Haareföhnen oder Schminken in den Spiegel, um zu schauen, ob wir gut aussehen, die Frisur und die Kleidung gut sitzen. Vielleicht kennst du auch ein Stirnrunzeln, wenn du müde aussiehst oder dich selbst gerade nicht so schön findest. Glaub mir, das geht den meisten Menschen so! Bekannte Stars sehen ungeschminkt auch nicht anders aus. Aber das nur am Rande.

Wichtiger ist, das, was du siehst und fühlst, zu begrüßen. Nimm dir Zeit, dein Gesicht, deine Augen, deinen Ausdruck wirklich wahrzunehmen. Spüre dabei aufmerksam, was in dir geschieht, und gib dir Zeit. Vielleicht spürst du den Impuls, Grimassen zu schneiden oder dich zu schminken, weil Unsicherheit aufkommt, wenn du dich einfach mal länger betrachtest und fühlst, was dabei in dir geschieht. Auch diese Unsicherheit kennen die meisten Menschen. Bleib aber dabei, und schau dein Spiegelbild mit den Augen deines Herzens an. Das

»Wir werden befreit von dem, was wir annehmen,
aber sind Gefangene dessen, was wir ablehnen.«

Swami Prajnanpad

lässt deinen Blick automatisch weicher werden.
Es ist unglaublich, was bei solchen Übungen
geschehen kann. Vielleicht kommen Gefühle
hoch, umso besser. Schau dich weiterhin an.
Vielleicht hast du auch den Eindruck, einen
alten Bekannten/eine alte Bekannte wiederzu-
treffen, dem/der du schon länger nicht mehr
begegnet bist.
Wenn du magst, kannst du auch mit deinem
Spiegelbild sprechen. Sag dir etwas Nettes, finde ein paar wertschätzende Worte, als ob du mit
einer guten Freundin reden würdest. Du kannst
natürlich auch deinen ganzen Körper einbezie-
hen. Vergiss dabei Standards und Modelmaße,
sondern schau einfach mal ganz neugierig wie
ein Kind, wie dein Körper aussieht.
Wenn du dir diese Spiegelarbeit zur täglichen
Gewohnheit machst, gehst du ganz authentische Schritte zu dir selbst. Klebe dir als Erinnerung einen kleinen Aufkleber auf deinen
Badezimmer- oder Garderobenspiegel. Prima
geeignet sind ein Smiley oder ein Herz!

Der äußere Spiegel

Neben dem optischen Spiegel hast du in
deinen Mitmenschen und deinen derzeitigen
Lebensumständen auch einen genialen Spiegel.
Genau wie das Bild, das dir morgens entge-
genschaut, spiegelt dir auch deine Umwelt,
was du gewissermaßen auf sie ausstrahlst. Klar,
denkst du jetzt vielleicht, weiß ich doch. Aber
glaub mir, diese Tatsache wird so oft vergessen!
Mit dem Spiegelprinzip steht dir jederzeit ein
wunderbares Werkzeug zur Verfügung. Auch im
umgekehrten Sinne: Fühle und strahle aus, was
du möchtest, dann wird dir deine Umwelt diese Authentizität zuverlässig zurückspiegeln und
dich darin bestärken, deinen Weg zu gehen!

Entdecke die
LIEBE
zu dir selbst

Jeder von uns spielt in seinem Leben Rollen, in denen er glaubt, liebenswert zu sein. Der Hilfsbereite, der immer für die anderen da ist, der erfolgreiche Top-Manager, der ehrgeizige Leistungssportler, die kompetente Chefin – all das sind Beispiele von Rollen, durch die wir bewusst oder unbewusst Anerkennung, Bestätigung und Liebe *von außen* bekommen. Aber wie gelingt es, auch zu dem in uns Ja zu sagen, was wir nicht mögen?

Meine Rolle war lange Zeit die des netten Mädchens. Da man mich als fröhlichen Sonnenschein liebte, fühlte ich mich auch selbst in dieser Rolle wohl. Allerdings tat ich mich sehr schwer damit, wenn ich mich traurig, ängstlich, schwach und verletzlich fühlte. Ich kämpfte gegen meinen Schatten an, versuchte diese Gefühle gar nicht erst aufkommen zu lassen.

In den letzten Jahren entdeckte ich, dass wahre Selbstliebe dann entsteht, wenn ich immer besser Ja zu allen Facetten von mir sagen kann, insbesondere zu meinen bislang ungeliebten Anteilen. Da wir Menschen sind, gehört neben Sonnenschein auch Regen, Wind, Gewitter, Schnee und manchmal Eiszeit dazu.

Öffne dich auch den ungeliebten Seiten

Versuche Folgendes: Stell dich in dunklen Momenten vor den Spiegel, schau dir selbst in die Augen und sage: »Ich fühle mich wütend/traurig/wertlos/ängstlich« – oder wie auch immer du dich gerade fühlst. Atme tief ein, halte den Blick zu deinen Augen im Spiegel, und sage nun »Willkommen« und deinen Namen. Spüre genau, was in dir dabei geschieht, und öffne dich deinen Gefühlen.

Wenn dir das gelingt, kann sich dein Herz Schritt für Schritt öffnen für deine ureigene Selbstliebe, die schon immer in dir angelegt war. Solche Übungen gehen wesentlich tiefer und sind viel authentischer, als sich nur positive Affirmationen aufzusagen.

Sich selbst zu lieben und sich mit allen seinen Gefühlen und Bedürfnissen zu bejahen ist kein Tool, dass man mal eben an einem Wochenendworkshop lernt und dann perfekt beherrscht. Vielmehr ist es eine dauerhafte Aufgabe, in der es darum geht, einen ganz natürlichen Zustand wieder zu entdecken und immer mehr zu leben.

Kinder sind darin noch ganz authentisch – sie freuen sich an ihrem Leben, ihrem Körper, sind neugierig und rein. Außerdem folgen sie ihren Gefühlen und Impulsen noch mehr als wir Erwachsene. Der Zustand der Selbst-Unliebe entsteht zu einem großen Teil im Aufwachsen durch Konditionierungen, Ablehnung und mangelnde Liebe und Aufmerksamkeit von außen. Darunter aber ist nach wie vor das natürliche Ja zu uns selbst verborgen und wartet darauf, wieder entdeckt zu werden. Deswegen bedeutet Selbstliebe, bewusst und liebevoll all das wegzuräumen, was diesen natürlichen Zustand verschüttet hat, und auf jeder Ebene deine Lebensenergie ins Fließen zu bringen. Tief in dir weiß etwas ganz genau, wie gut sich das anfühlt!

Last but not least – sei gewiss: Der Weg der Selbstliebe ist für jeden Menschen eine Aufgabe. Auch Topmodels, Millionäre und vermeintlich selbstbewusste oder erleuchtete Vorbilder tragen manchmal Zweifel und Unsicherheiten in sich.

Selbstliebe in der Praxis

- Damit du immer mehr in den natürlichen Zustand der Selbstliebe gelangen kannst, nutze das Spiegelritual. Schau bewusst und ungeschminkt in den Spiegel und sag freundlich Ja zu dir – mit allem, was gerade da ist. Nimm dir dafür ein paar Minuten, atme tief und spüre deinen Körper und deine Gefühle.

- Selbstliebe bedeutet, sich selbst zu spüren und gut für seine Bedürfnisse zu sorgen. Deshalb empfehle ich dir, jeden Abend in einem Tagebuch aufzuschreiben, was du an diesem Tag gefühlt hast und wie du gut für dich gesorgt hast. Durch diesen Fokus, dich selbst liebevoll zu behandeln, wirst du dir deiner selbst und deiner Bedürfnisse immer bewusster werden.

- Erliege nicht der Versuchung, alles positiv und durch eine rosarote Brille sehen zu wollen. Erfreue dich an deinen Stärken, aber öffne dich auch deinem Schatten immer mehr, denn hier liegt der Schlüssel zu wahrer Selbstliebe und Größe!

- Achte besonders darauf, welche Menschen, Aktivitäten und Orte dir guttun. Das Verweilen in unguten Umständen und Beziehungen zeigt an, dass deine Selbstliebe und dein Selbstwert sich nach Stärkung und Aufwind sehnen.

Ehre dein
JA
und dein *Nein*

Wenn du dich dafür entscheidest, deinen eigenen, wahrhaftigen Weg zu gehen, wird sich auf gesunde und natürliche Weise die Bedeutung von zwei kleinen, aber wichtigen Worten für dich verändern: Ja und Nein.

Es ist relativ verbreitet, anderen zuliebe Ja zu sagen, und nicht wenige Menschen fühlen sich unwohl damit, sich mit einem deutlichen Nein zu zeigen. Eigene innere Impulse werden überhört; Bedürfnisse der anderen werden ernster genommen als die eigenen. Doch damit ist jetzt Schluss!

Höre auf deinen Körper

Je besser du dich selbst wahrzunehmen lernst, desto klarer wirst du auf jeder Ebene dein Ja und Nein spüren: physisch, gedanklich, emotional. Wenn du unsicher bist, höre immer auf deinen Körper! Dieser signalisiert dir wie ein treuer Freund deine ganz persönliche Wahrheit. Meist entsteht bei einem Ja Weite, eine tiefere Atmung und eine entspannte Mimik, vielleicht sogar ein Lächeln. Ein echtes Ja sorgt für Aus-

dehnung und Entspannung. Ein Nein hingegen sorgt oft eher für Kontraktion, Enge und der Atem fließt auf einmal nicht mehr tief. Manchmal gehen Ja und Nein Hand in Hand. Du sagst zum Beispiel in einer Situation spontan zum anderen Ja, obwohl du dir selbst gar nicht sicher bist. Dann sagst du gleichzeitig innerlich Nein zu dir selbst, verleugnest dich womöglich auf eine gewisse Art. Manchmal kann es aber auch andersherum geschehen: Du sagst Nein zum anderen und damit Ja zu dir und deiner Wahrheit. Beobachte dich einfach in nächster Zeit aufmerksam und versprich dir selbst, authentisch dein Ja und Nein zu vertreten. Das macht frei!

Leider muss heute immer alles so schnell gehen. Seien wir ehrlich: Etwas mehr Zeit würde uns so guttun! Das gilt auch für unsere Antworten von Ja und Nein. Oft antworten wir im Alltag einfach übereilt. Sei es dir wert, im Fall von Zweifel oder Unsicherheit genau das zu äußern: »Ich brauche noch einen Moment mit meiner Entscheidung. Kann ich dir morgen Bescheid geben?«

Ja und Nein erforschen
KÖRPERÜBUNG MIT MUSIK

Praxisanleitung

Du brauchst für die folgende Übung einen möglichst großen Raum, in dem du ungestört bist. Dein Wohnzimmer ist bestimmt geeignet, wenn du etwas Platz schaffst. Nimm dir zwei große Blätter, schreibe auf das eine oben groß Ja, auf das andere Nein. Lass darunter noch etwas Platz. Dann häng diese Blätter an zwei gegenüberliegende Wände. Anschließend such dir Musikstücke aus, die sich für dich persönlich wie Ja und Nein anfühlen. Jetzt geht's los:

1. Dein Nein

Nimm dir fünf Minuten, um mit deinem Körper und allen deinen Sinnen dein Nein zu erforschen. Lass die Musik laufen, die für dich Nein bedeutet, balle die Hände zu Fäusten und gehe durch den Raum. Rufe dir Situationen in Erinnerung, in denen du Nein sagen wolltest, gern auch aktuelle Herausforderungen oder Menschen, zu denen du Nein sagen möchtest. Beobachte, wie sich dein Körper fühlt und wie dein System auf dein Nein reagiert. Registriere deine Bewegungen, was möchte dein Körper jetzt am liebsten tun? Beobachte auch deine Gedanken und Gefühle, gib dich richtig hinein. Nach fünf Minuten schalte die Musik aus und notiere unter deinem Nein auf dem Zettel alles, was dir ein- und aufgefallen ist: Situationen, Menschen, deine Bedürfnisse. Wo sagst du vielleicht auch Nein zu dir selbst? Lass es auf dich wirken.
Mach dann eine kleine Pause, bevor du in die zweite Runde startest.

2. Dein Ja

Jetzt ist dein Ja an der Reihe. Schalte deine »Ja-Musik« ein – ich persönlich habe für das »Ja« eine weiche Musik und für »Nein« eher einen etwas aggressiveren Rhythmus gewählt. Jetzt beweg dich wieder durch den Raum und lade mit allen Sinnen dein Ja ein. Wie empfindet dein Körper das Ja? Zu was und wem in deinem Leben sagst du gerade Ja?

→

Nach fünf Minuten schreibe wieder alles auf, was dir zu deinem ganz
persönlichen Ja in den Sinn kommt. Mach dir Stichworte zu deinem
Körperempfinden, deinen Gedanken und Gefühlen, zu Menschen
und Situationen, zu denen du ein Ja verspürst. Wie sieht dein Ja zu dir
selbst aus? Lass diese Liste wieder auf dich wirken.

Abschließend lade ich dich noch mal ein, durch den Raum zu gehen
und an verschiedenen Stellen zwischen der Ja- und der Nein-Wand
stehenzubleiben. Nimm ganz bewusst wahr, wie sich neben Schwarz
oder Weiß auch Zwischenstufen für dich anfühlen.

Setze
GRENZEN,
die dir *guttun*

Genauso wie wir Verbindung brauchen, sind auch gesunde Grenzen wichtig. Wenn diese nicht deutlich gesetzt oder übergangen werden, ist Energieverlust die logische Folge.

Vielleicht kennst du es, wenn du dich nach einer Begegnung regelrecht ausgelaugt fühlst. Auf einer energetischen Ebene hat sich dein Gegenüber womöglich tatsächlich an deiner Energie bedient. Das muss nicht mal bewusst oder in böser Absicht geschehen sein, und trotzdem fühlst du dich anschließend leer und müde.

Grenzenlos?

Viele Menschen tun sich schwer damit, Grenzen zu setzen. Nicht selten verbirgt sich dahinter die Angst, deutlich Stopp zu sagen. »Mag man mich noch, wenn ich eine Grenze setze? Nicht, dass ich dann die Zuneigung des anderen verliere!«, denkt es in vielen Köpfen. Dahinter steckt nicht selten eine alte Abhängigkeit, der Glaubenssatz: »Meine Daseinsberechtigung ist zu tun, was man von mir erwartet. Ich habe für andere da zu sein, dies ist wichtiger

als meine eigenen Bedürfnisse.« Das hat aber nichts mit Liebe zu tun, oder?

Wenn Grenzen nicht respektiert werden, ist normalerweise Wut eine natürliche und gesunde Konsequenz. Du hast das Recht, wütend zu werden und deutlich auszudrücken, wo dein Limit ist. Damit kommst du in deine Kraft und wirst mehr respektiert als früher. Gleichzeitig tritt ein erwachsenes authentisches Selbstbewusstsein an die Stelle der kindlichen Angst.

Erfolgreiche Abgrenzung in der Praxis

Auf körperlicher Ebene spielen in diesem Zusammenhang zwei Bereiche eine besondere Rolle: Einer davon ist die Solarplexus-Gegend nahe des Bauchnabels, wo sich das dritte Chakra befindet. Dieses steht für Macht. Ein komisches Gefühl in diesem Bereich nach einer Begegnung kann anzeigen, dass der andere – meist unbewusst – einen Teil deiner Energie absorbiert hat. Damit du dich nicht machtlos und ausgelaugt fühlst, kann es hilfreich sein, im Kontakt deine Hand auf diesen Bereich zu legen oder die Arme vor dem Körper zu verschränken. Das gibt dir ein schützendes Gefühl.

*Wenn du Respekt möchtest, musst du auch Grenzen setzen.
Du kannst fürsorglich, liebevoll und einfühlsam sein,
auch ohne andere deine Grenzen überschreiten zu lassen.*

Der zweite wichtige Abgrenzungsbereich sind Brust und Arme, und das emotionale Äquivalent dazu ist eine Stopp-Geste: die Arme und Hände mit der Handfläche nach vorne zu strecken und Nein zu sagen. Wenn du Schwierigkeiten hast, dich abzugrenzen, übe diese Geste täglich in Zeitlupe und sag dabei innerlich oder laut: »Hier ist meine Grenze.«

Erspüre dabei genau, was in dir passiert, und vergiss nicht, deine Füße fest und flächig auf den Boden zu stellen. Besonders Frauen haben oft eine schwach ausgeprägte Brustmuskulatur. Etwa durch Liegestütze an der Parkbank lässt sie sich gut aufbauen.

Mentale Grenzen setzen

Sehr hilfreich ist es auch, mit deiner Vorstellung zu arbeiten: Visualisiere eine Person, von der du dich abgrenzen möchtest. Vielleicht hast du jemand ganz Bestimmtes im Kopf, oder dir fällt eine Person ein, die in deiner Vergangenheit deine Grenzen missachtet hat. Erspüre nun als Erstes, in welchem Abstand du diesen Menschen platzieren möchtest. Beobachte dann aufmerksam, was in dir passiert, wie dein Körper allein bei der Vorstellung reagiert. Was möchte er am liebsten tun – sich umdrehen, die Arme verschränken, wegschauen?

Jetzt kommt der kreative Teil: Visualisiere einen Schutz, der dir guttut. Dabei sind deiner Fantasie keine Grenzen gesetzt: Vielleicht stellst du dir einen mittelalterliches Schutzschild vor oder eine Rüstung, einen Stacheldrahtzaun oder eine Glaswand, möglicherweise auch eine Mauer aus roten Backsteinen. Als ich diese Übung kennenlernte, tauchte vor meinem inneren Auge ein großes buntes Osterei auf, in dem ich saß und mich geschützt fühlte. Mit dieser Vorstellung empfand ich in der tatsächlichen Situation gleichzeitig heitere Gelassenheit.

Aktiviere nun deinen mentalen Schutz in allen Situationen, in denen du das Bedürfnis nach Grenzen spürst. Er wird es dir leichter machen, dich selbst und deine Impulse zu spüren, und er kann dich dabei unterstützen, auch verbal deine Grenzen zu setzen.

Persönliche
LUST & FRUST
Bilanz

Eigentlich ist es einfach: Das Leben besteht aus Polaritäten. Es gibt Tag und Nacht, schwarz und weiß, Mann und Frau. Auch unsere Gefühle sind gegensätzlich, und alle haben ihre Bedeutung: Traurigkeit und Freude, Wut und Liebe, Angst und Vertrauen. Außerdem gibt es Lust und Frust. Beide kannst du als Wegweiser nutzen.

Welche Polaritäten kennst du am besten in deinem Leben? Es ist ganz wichtig, dass du diese nicht als »gut« und »schlecht« bewertest, denn jeder Ge-

gensatz besitzt seine Bedeutung. Was wäre der Tag ohne die Nacht? Was wäre, wenn es keine Geschlechter gäbe? Wäre intensive Freude möglich, wenn wir nicht manchmal auch das Gegenteil erleben? Gegensätze machen das Leben erst richtig lebendig.

Allerdings möchte das Leben uns langfristig in eine angenehme Richtung führen. Wie könnten wir das deutlicher lernen als durch Herausforderungen? Diese Situationen sind oft der Schlüssel, um uns selbst besser kennenzulernen und uns dahin zu bewegen, wo es sich gut anfühlt.

> »Alle Hindernisse und Schwierigkeiten sind Stufen, auf denen wir in die Höhe steigen.«
> **Friedrich Nietzsche**

Du hast wie jeder Mensch einen persönlichen Kompass in dir, der dir den Weg weist. Ich nenne ihn Lust&Frust-Indikator. Diese innere Instanz sammelt sowohl deine äußeren als auch inneren Eindrücke, Intuitionen und Gefühle. Wenn du dir dessen bewusst bist, hast du mit diesem Kompass ein wunderbares Instrument in der Hand, um deinen Weg zu finden und dein Potenzial zu entfalten. Beachte seinen Ausschlag, dann wird immer mehr Lebenslust in deinen Alltag einziehen.

Deine Lust&Frust-Liste
WAS DICH BEGEISTERT, WAS DICH FRUSTRIERT

Praxisanleitung

Nimm einen Block und einen Stift zur Hand, um deine persönliche
Lust&Frust-Bilanz zu erstellen. Das funktioniert ganz simpel: Male
zwei Spalten, eine mit der Überschrift »Frust«, die andere mit der
Überschrift »Lust«. Für die drei Bereiche *Vergangenheit, Gegenwart* und
Zukunft brauchst du vermutlich mindestens jeweils ein entsprechen-
des Blatt.

Vergangenheit

Schreibe nun alles auf, was dich in deinem bisherigen Leben frustriert hat. Schreibe es dir von der Seele, denn zum einen erleichterst
du dich dadurch und zum anderen hast du dann alle wichtigen
Fakten schwarz auf weiß vor dir. Beobachte dabei aufmerksam, was

in dir geschieht. Heiße alle Gefühle, die möglicherweise aufkommen, mit einem tiefen Atemzug willkommen, denn sie gehören zu dir! Höre nicht eher auf zu schreiben, bis du alles notiert hast, was dich in deinem bisherigen Leben frustriert hat.

Konzentriere dich nun auf die nächste Spalte und notiere dort, was dir in der Vergangenheit angenehme Gefühle bereitet hat, alles, wo du Lust und Spaß empfunden hast. Spüre auch hier ganz genau, was in deinem Körper, in deinen Gedanken und Gefühlen geschieht. Bestimmt entsteht bei der einen oder anderen Erinnerung ein Lächeln auf deinem Gesicht!

Gegenwart

Als Nächstes ist deine gegenwärtige Lebenssituation an der Reihe. Schreibe alles auf, was sich momentan nicht schön für dich anfühlt. Sei ganz ehrlich zu dir, denn darin liegt der Schlüssel. Vielleicht frustriert dich dein Chef, Kollege oder Partner, oder du fühlst dich in deinem Beruf über- oder unterfordert. Frage dich auch, ob du dort, wo du gerade lebst, glücklich bist oder ob dich etwas stört an dem Ort und der Situation, wie du lebst. Vergiss auch nicht, deine Kontakte zu beleuchten. Vielleicht gibt es Menschen, mit denen du in der einen oder anderen Form immer wieder frustrierende Momente erlebst. Schreib es auf, leg die Wahrheit offen.

Und genauso, wie du alles Positive der Vergangenheit gesammelt hast, notiere jetzt auch wieder alles auf deiner Liste, was in deinem momentanen Leben angenehm ist, alles, was dir Lust und Spaß bereitet. Genieße dein positives Empfinden dabei, und nimm Bezug auf jeden Lebensbereich: Beruf, Beziehung, Familie, Hobbys, Wohnort, Lebensstil ...

Zukunft

Du ahnst es schon: Als Drittes ist deine Zukunft an der Reihe. Für diese legst du jetzt das Fundament. Nimm dir erst einen Moment der Stille, schließe deine Augen und spüre deine Füße fest auf dem Boden.

Höre nicht eher auf
zu schreiben, bis du
eine ausführliche Vision
einer freudigen
Zukunft erstellt hast,
die dein Herz hüpfen
lässt.

Besinne dich ganz auf dich selbst, und lass wirken, was du alles aufgeschrieben hast.

Du hast es in der Hand, wie deine Zukunft aussehen wird. Es ist wahrscheinlich, dass bestimmte Dinge in deinem Leben auch zukünftig einen ähnlichen Effekt auf dein Lust & Frust-Empfinden haben werden. Sei es dir wert, dein Leben immer mehr in die Richtung »Lust« zu gestalten. Du darfst sensibel für dich selbst und deine Lebensqualität sein, und du wirst durch entsprechendes Handeln deiner wahren Berufung ein großes Stück näher kommen.

Schreibe auf, was dich möglicherweise auch zukünftig frustrieren wird. Das muss es natürlich nicht, denn du kannst es ändern, weil du dir nun noch bewusster geworden bist. Aber so kennst du sozusagen die möglichen Gefahren und Stolpersteine auf deinem Weg besser und kannst deine Schritte bewusster wählen.

So soll es sein!

Als Letztes kommt die Krönung. Fasse nun deine erwünschte Zukunft in Worte. Notiere alles, was dich und dein Herz zukünftig erfreuen soll und wie du dir dein ideales Leben vorstellst. Vielleicht fallen dir Dinge ein, die du schon immer mal ausprobieren wolltest, aber für die bislang keine Gelegenheit war. Spüre dein angenehmes Empfinden, während du in diesen Vorstellungen badest. Wenn du fertig bist, nimm dir noch mal ein paar Minuten und schreibe weiter. Es gibt bestimmt noch mehr!

Im dritten Kapitel werden wir uns mit diesem Thema noch sehr viel ausführlicher beschäftigen.

Echtes
VITAMIN B
erkennen

Mit Vitamin B meine ich nicht hilfreiche Kontakte im Business. Vielmehr bezeichne ich damit Beziehungen, die so gut sind, dass sie wie Vitamine wirken. Kontakte verschiedener Art, die dich genauso wie gesundes Essen nähren und deine Energie heben.

Auf dem Weg zu einem Leben, das sich wild und frei und wunderbar anfühlt, wirst du in vielerlei Hinsicht immer bewusster werden. Das betrifft natürlich auch deine Beziehungen, und wahrscheinlich werden sich diese neu sortieren und verändern. Anders formuliert: Dadurch, dass sich deine Beziehung zu dir selbst zum Positiven wandelt, wird sich dies im Außen an der Qualität deiner Kontakte widerspiegeln. Du entwickelst dich und wirst immer authentischer, und dadurch wirst du auch Menschen anziehen, die dazu passen. Mehr Nähe zu dir selbst ermöglicht mehr Nähe zu anderen.

Partnerschaft

Wenn du in einer Partnerschaft lebst, hast du hier einen ganz klaren Spiegel vor der Nase, und dieser ist kein Zufall! Wenn deine Liebesbeziehung echtes und gesundes Vitamin B ist, stärkt sie dir den Rücken, gibt dir Halt, Geborgenheit, Wertschätzung und vor allem Liebe – um deiner selbst willen. Genau das hast du verdient, und du solltest dich nicht mit weniger zufrieden geben! Manchmal sind Liebesbeziehungen aber auch »Energiefresser«. Gute und schlechte Zeiten gibt es natürlich in jeder dauerhaften Verbindung, aber im Großen und Ganzen soll deine Beziehung dich und deine/n Partner/in bereichern. Du hast die beste Beziehung verdient, die du dir vorstellen kannst!

Freundschaften

Ähnlich verhält es sich mit deinen Freundschaften. Mach dir auch hier mal ganz ehrlich die Energiebilanz bewusst. Besteht eine ausgeglichene Beziehung zwischen dir und den Menschen in deinem Freundeskreis? Oder bist du vielleicht ein Geber, der viele Menschen um sich hat, die davon profitieren? Wer ist wirklich an deiner Seite, wenn es dir nicht gut geht? Vielleicht verhält es sich auch umgekehrt, und du selbst bekommst mehr von anderen, als du

> »Sei, WER DU BIST, und sag,
> was du fühlst.
> Denn die, die das stört,
> ZÄHLEN NICHT,
> UND DIE, DIE ZÄHLEN, STÖRT ES NICHT.«
> Unbekannt

zurückgibst. Manchmal pendelt diese Dynamik, aber das »große Ganze« sollte stimmen. Wenn Geben und Nehmen in Freundschaften ausgeglichen sind, besteht ein fließender Austausch. Ihr könnt euch gegenseitig bereichern und wertschätzen. Solche Freundschaften sind unglaublich gesundes Vitamin B!

Familie

Neben Freunden und Partner gibt es natürlich noch die Familie. Du kannst hier mit deinem neuen Weg verschiedenste Erfahrungen machen. Vielleicht sind deine Eltern und Geschwister begeistert und freuen sich für dich, spiegeln dir: Toll, dass du dich selbst entdeckst, du wirst immer lebendiger!

Es kann aber auch sein, dass sie kritischer reagieren. Sich für deinen eigenen Weg zu entscheiden bedeutet in gewisser Weise auch, auszubrechen aus familiären Konventionen und dafür deine eigene Wahrheit zum Ausdruck zu bringen. Das sehen nicht alle gern, am allerwenigsten diejenigen, die eigene, große Erwartungen in Bezug auf dich haben. Bleib dir selbst treu. Du kannst durchaus eine

gesunde Beziehung erhalten, auch während du immer mehr Ja zu dir selbst sagst.

So ging es auch Marc. Mit 40 kündigte er seinen Job als Anwalt, der ihm nie wirklich Spaß gemacht hatte. Aber er kam aus einer angesehenen Juristenfamilie und irgendwie war es immer klar, dass er in die Fußstapfen seines Vaters treten und irgendwann dessen Kanzlei übernehmen sollte. Marc machte es sehr traurig, dass sein Vater sein Autonomiebestreben ablehnte, weil er andere Vorstellungen von seinem Leben hatte. Zum ersten Mal hatte er gegen familiäre Erwartungen gehandelt und sich für seine eigene Wahrheit stark gemacht. Trotz der Trauer freute sich etwas in ihm und auf gewisse Weise hatte er das Gefühl, jetzt richtig erwachsen zu werden.

Vitamin B im Beruf
Berufliche Kontakte sind natürlich auch sehr wichtig, und ursprünglich kommt der Begriff »Vitamin B« ja auch aus diesem Bereich. Natürlich kann man sich hier nicht immer aussuchen, mit wem man es zu tun hat. Professionalität ist gefragt! Deshalb beachte einfach

Durch persönliche Veränderung verschwinden manchmal Kontakte aus dem Leben. Es ist möglich, dass du selbst langjährige Freundschaften auf einmal nicht mehr als stimmig erlebst. Sei nicht zu traurig darüber!

Diejenigen, die dich wirklich lieben, werden dich und deinen neuen Weg unterstützen, und außerdem wirst du neue Menschen kennenlernen, die jetzt noch besser zu dir passen.

den Grundsatz der Wertschätzung. Denn die wünschen wir uns alle! Versuche allen Menschen, denen du beruflich und privat begegnest, mit Wertschätzung zu begegnen; auch denen, mit denen du dich nicht besonders verstehst. Wenn du Wertschätzung und Respekt für deine Mitmenschen ausstrahlst, werden sich auch schwierigere Kontakte verbessern! Umgekehrt wird man dir mit mehr Präsenz und Wertschätzung begegnen. Lass abends deinen Arbeitstag nochmal gedanklich Revue passieren, und ruf dir besonders die Momente in Erinnerung, die du als bereichernd empfunden hast· das nette Gespräch mit deiner Kollegin, das Lob deines Vorgesetzen, das Lächeln deiner Kunden oder Patienten – alles wunderbare Formen von Vitamin B!

Bekannte

Bekannte sind eine weitere Kategorie, etwas weniger wichtig, könnte man meinen. Aber auch hier lade ich dich ein, genau hinzuschauen und zu prüfen, mit wem du dich wirklich gut fühlst. Viele Menschen haben Bekannte zu bestimmten Zwecken: einen Kumpel zum Squashspielen, eine Bekannte zum Ausgehen, verschiedene Bekannte für verschiedene Anlässe. Welche davon passen zu dir und deiner neuen Freiheit?

Behalte immer das Stichwort Vitamin B im Hinterkopf. Kontakte sollen dich bereichern und dir guttun, genau wie auch du andere Menschen immer mehr bereichern kannst, je mehr du zu dir selbst kommst.

Erstelle eine Energiebilanz

Folgende Methode ist prima geeignet, dir relativ schnell die Energiebilanz deiner Kontakte bewusst zu machen. Sie mag sich im ersten Moment etwas nüchtern anhören, ist aber sehr hilfreich:

- Schreibe alle Namen der Menschen auf, mit denen du zu tun hast.

- Unterteile sie in Gruppen: Beruf / Familie / Freunde / Partner / Bekannte.

- Dann notiere hinter jedem Namen ein Plus, ein Minus oder Gleichheitszeichen, je nachdem wie du diese Beziehung insgesamt empfindest: bereichernd, ausgeglichen oder eher energieraubend. Sei ganz ehrlich zu dir!

- Wenn du allzu viele Minuszeichen auf deinem Blatt findest, ist es höchste Zeit, dich um dich selbst zu kümmern. Sei es dir wert, besonders im Privaten, etwas Abstand von diesen Kontakten zu nehmen. Vielleicht magst du ein bisschen mehr üben, selbst zu empfangen. Entdecke, wie gut sich das anfühlt: Vitamin B ist so gesund!

Die
KRAFT
der Dankbarkeit

In deinem neuen Leben möchte ein wunderbares und positives Bewusstsein in dir wachsen. Dieses ist auf Fülle und Freude ausgerichtet statt auf Mangel und Mittelmäßigkeit. Dein Bewusstsein lebt von deinen Gedanken, Gefühlen und deinem freien Willen. Das heißt, dass du vor allem durch deine Entscheidungen über die Qualität deines Bewusstseins bestimmen kannst. Praktisch, oder?

Du kannst bewusst entscheiden, worauf du deine Aufmerksamkeit richten möchtest, womit du deine Zeit verbringen willst und mit welchen Menschen du dein Leben teilst. Du bist frei, deine Art der Ernährung zu wählen, deine Freizeitaktivitäten und deine Worte. Vor allem kannst du selbst bestimmen, wovon du mehr in deinem Leben möchtest und wovon weniger.

Durch eine Grundhaltung von Dankbarkeit gelangst du in einen Empfangsmodus für all die Geschenke, die das Leben tagtäglich für dich bereithält. Du hast praktisch jeden Tag Geburtstag!

Kultiviere das Gefühl der Dankbarkeit

Richte deinen Fokus täglich auf all das in deinem Leben, wofür du dankbar bist: deinen Körper, deine Gesundheit, deine Familie, deine Wohnung, deinen Job, dein Auto, das Essen in deinem Kühlschrank … Wir sind uns in unseren Breiten oft gar nicht darüber bewusst, wie unglaublich reich wir sind. Wusstest du, dass du zu den privilegiertesten fünf Prozent der Weltbevölkerung zählst, wenn du alle oben genannten Aspekte dein eigen nennen kannst? Selbstverständlichkeit ist langweilig und grau, Dankbarkeit dagegen lebendig und farbenfroh. Je mehr du dich über die ganzen Segnungen des Universums freust, desto mehr Details werden dir tagtäglich auffallen: die Blumen vor deiner Haustür, das Lächeln deiner Kollegin, das Aroma deines morgendlichen Kaffees …

Lerne, Gutes anzunehmen

Ganz wichtig ist auch, dass du all das Schöne und Gute, was zu dir kommen möchte, wirklich annehmen kannst.

Bring beides in Balance: Gutes genauso freundlich anzunehmen wie zu geben. Der Schlüssel dazu ist, dass du es dir wert bist!

Besonders wenn du ein Herzmensch bist, tust du dich möglicherweise leicht im Geben und bist vielleicht nicht ganz so gut im Annehmen? Relativierst du beispielsweise gern Komplimente oder willst dich direkt revanchieren, wenn du eingeladen wirst?

Übe, Nehmen und Geben in Balance zu bringen. Wenn dir jemand also ein Kompliment macht, dich zum Essen einladen will oder dir etwas Schönes schenkt, atme tief ein und spür dein Herz, das sich freut. Schau dem anderen in die Augen und sag einfach »Dankeschön«. Nichts weiter.

Dankbarkeits-Tagebuch

Nichts kann dir bei deiner neuen Praxis der Dankbarkeit besser helfen als ein eigens dafür angelegtes Tagebuch. Besorge dir ein hübsches kleines Büchlein und einen schönen Stift und beginne, indem du eine große Dankbarkeitsbilanz über dein Leben verfasst. Notiere, wofür du Dankbarkeit empfindest, und vergiss keinen Bereich deines Lebens: du selbst, einschließlich aller deiner Aspekte und Talente, deinen

Körper, deine/n Partner/in und liebe Freunde, dein Beruf, dein Besitz, deine Erfahrung, deine Neugierde und Kreativität ...

Lies dann noch einmal alles durch und spüre bewusst, was dabei in dir geschieht. Fühlt sich gut an, nicht wahr? Ich muss immer automatisch lächeln, wenn ich mir meine Notizen durchlese, weil ich mich einfach so freue.

Doch das ist nur der Anfang. Damit sich Dankbarkeit wirklich als neue Grundhaltung in deinem Leben etabliert, mache ab sofort jeden Abend ein kleines Ritual aus deinen Beobachtungen. Schreib auf, wofür du speziell an diesem Tag dankbar bist. Lass gedanklich den Tag Revue passieren und notiere jede Begebenheit, die sich schön angefühlt hat und für die man dankbar sein kann. Das können wirklich banale Kleinigkeiten sein wie das Schokocroissant beim Bäcker am Morgen oder der Sonnenschein am Nachmittag.

Je mehr sich deine Wahrnehmung in Richtung Dankbarkeit verschiebt, desto mehr Fülle und Freude wirst du in dein Leben ziehen.

ENTDECKE EIN
NEUES LEBENSGEFÜHL

Deine
LÖWENNATUR
wecken

In jedem von uns schlummert eine große innere Kraft – ein Löwe oder eine Löwin. Dieser Teil von dir ist wild und ungezähmt, auf eine positive Weise machtvoll und sehr majestätisch! Der Löwe wohnt wirklich jedem Menschen inne, unabhängig von seinem Temperament oder Gemütszustand. Ihn zu entdecken und zu leben bedeutet, voll in deiner Kraft zu sein.

Deine Löwennatur entfaltet sich dann, wenn du anfängst, dich aus äußeren Abhängigkeiten zu befreien, und immer mehr deine eigene Wahrheit zum Ausdruck bringst. Du bist voll von gesundem Selbstvertrauen, folgst deinen inneren Impulsen und setzt dich durch.

Stell dir einen Löwen in freier Wildbahn vor, wie er geschmeidig durch die Steppe läuft. Dies ist sein Leben und sein Revier, keine Frage! Als König des Tierreichs erfährt er Respekt. Er jagt, schläft und kämpft auf ganz natürliche Art und Weise. Wenn es sein muss, brüllt er auch schon mal laut und verteidigt seine Jungen mit ganzer Kraft. Ein Löwe ist frei, stark und selbstbewusst. Jetzt denk mal für einen Moment an einen Löwen im Zoo. Was passiert, wenn dieses stolze Tier eingesperrt wird? Plötzlich kann er sich nur noch in einem kleinen Areal bewegen, umgeben von hohen Zäunen. Er kann nicht mehr auf natürliche Weise jagen, sein Revier durchstreifen, ist plötzlich in seiner Kraft und

seinem Ausdruck eingeschränkt. Seine wilde und freie Natur wird in einen viel zu engen Käfig gesperrt. Der Löwe wird unglücklich, weil er nicht mehr er selbst sein kann.

Ein Stück weit kennen wir den Löwen im Zoo, denn auch ihn haben wir in uns. Wir lernen in der Erziehung, in Schule und Berufsleben, eigentlich durch viele Aspekte der Gesellschaft, dass wir uns anzupassen haben und uns brav verhalten sollen, um zu überleben. Deshalb erst entsteht ja der Wunsch nach Freiheit – danach, ganz in unserer Kraft und wir selbst zu sein!

Wir brauchen mehr Stimmen, die uns motivieren:

- Sei ein Löwe!
- Sag, was du denkst!
- Zeig, was du fühlst!
- Kämpfe für die Wahrheit!

Fühl dich ermuntert, den majestätischen Löwen in dir zu entdecken und zu leben. Vielleicht magst du dir ein Bild von einem Löwen ausdrucken und gut sichtbar in deiner Wohnung aufhängen? Hier sind außerdem ein paar Löwenregeln, die dir helfen können:

Nutze die Kraft deiner Stimme
Ein Löwe kann bekanntlich ziemlich laut brüllen. Das darf bei den Menschen leider nur ein Baby, und selbst da ist es nicht gern gesehen.

Zugegeben, wir sind in der zivilisierten Welt und nicht in der Steppe, aber auch den meisten Menschen würde es ziemlich guttun, mal laut zu brüllen. Probier es aus: Wenn du allein im Auto bist oder sonst irgendwo, wo dich keiner hört – lass stimmlich alles raus, was du bisher vielleicht zurückgehalten hast. Atme tief in deinen Bauch, lass den Kiefer locker und dann freu dich an der Power deiner Stimme! Solche Übungen werden dir helfen, mit der Kraft in deinem Bauch in Verbindung zu kommen und deinen Ausdruck zu befreien.

Ruh dich aus

Ein Löwe überlegt nicht lange, ob er schlafen gehen oder lieber noch ein bisschen arbeiten soll. Wenn er müde ist, legt er sich hin und schläft, und zwar nicht zu knapp! Gib auch du bewusst deinem Bedürfnis nach Schlaf und Regeneration nach. Höre auf die Stimme deines Körpers und mach es dir gemütlich. Dann hast du morgen die nötige Kraft für einen neuen starken Tag!

Schütze dein Revier

Such dir ein Revier – eine Arbeitsstelle, ein persönliches Umfeld –, in dem du dich richtig wohlfühlst. Gib dich nicht mit weniger zufrieden! Ein Löwe verteidigt außerdem sein Revier und kennt seine Grenzen: ein gutes Vorbild für das tägliche Leben! Auch wir Menschen fühlen uns sicher und stark, wenn wir unseren eigenen Raum und klare Grenzen haben. Steh für dich und deine Grenzen ein und dulde nicht, dass sie jemand überschreitet. Kämpfe wenn nötig für deine Wahrheit – der Löwe in dir wird dir die Kraft dazu verleihen.

Lebe dein Potenzial

Ein Löwe soll frei sein und leben, wie er möchte. Im Zoo verkümmert er, existiert weit unter seiner eigentlichen Kraft und Eleganz. Schlimm genug, dass Tiere eingesperrt werden, aber wir Menschen haben die Wahl, diverse selbstgebaute Käfige zu verlassen! Sei es dir wert, all das zu verwirklichen, was in dir steckt – da ist eine Menge! Freu dich an deinen Schätzen und bring sie in die Welt. So ermutigst du auch andere, ihre wahre Löwennatur zu leben!

Traue
DEINEN
Impulsen

Du bist wie jeder Mensch mit einem genialen Wahrnehmungssystem ausgestattet. Dazu gehören sämtliche Sinne und dein ganzer Körper genauso wie deine Intuition, Gefühle und Gedanken. Dein System sendet dir laufend Informationen über dein inneres Erleben in Beziehungen, im Beruf und in den verschiedensten Situationen. Meist reagiert es mit spontanen Impulsen, die jedoch nicht immer beachtet und ausgedrückt werden.

Stell dir vor, du wirst ungerecht behandelt. Spontan spürst du Wut in dir aufsteigen, aber du drückst diese nach unten, bleibst brav und höflich. Du stellst anschließend dich selbst in Frage und findest allerlei Gründe, warum du deinen Ärger für dich behältst; möglicherweise entschuldigst du sogar den anderen. Zufrieden fühlst du dich allerdings nicht! Ich möchte dich ermutigen, deine unmittelbaren Impulse fortan ernst zu nehmen. Denn du hast sie nicht grundlos, sondern weil sie dir helfen möchten, dein Gleichgewicht zu erhalten.

Damit es dir fortan besser gelingt, deiner gesunden Intuition zu folgen, ist es wichtig, dich selbst immer besser wahrzunehmen. Darum ging es schon an vorigen Stellen in diesem Buch, und ich kann nicht oft genug betonen, wie wichtig dies für ein wildes, freies und wunderbares Leben ist!
Je präziser du spürst, was dein eigenes Gefühl und dein Körper sagen, desto mehr bist du mit dir selbst verbunden und kannst somit auch deine eigene Wahrheit zum Ausdruck bringen.

Seinen Impulsen zu folgen heißt natürlich nicht, unüberlegt zu handeln. Angenommen, im obigen Beispiel spielte dein Chef eine Rolle. Ihm deine Wut über die ungerechte Behandlung zu demonstrieren, indem du ihn mit einem spontanen Wutausbruch überfällst, wäre vermutlich unklug. Aber wenn es dir gelingt, in dieser Situation bei dir zu bleiben und zu spüren, was in dir passiert und was du brauchst, kannst du in dem Moment auch klar eine Botschaft formulieren, die dein unmittelbares Empfinden angemessen zum Ausdruck bringt, indem du dich abgrenzt: Du agierst erwach-

> Vertraue deinem Bauchgefühl.
> Wenn sich etwas ernsthaft falsch anfühlt,
> dann ist es das meistens auch.

sen und bestimmt, statt artig und unsicher zu reagieren. Natürlich braucht das etwas Übung, aber ein einzig-nicht-artiges Leben wächst auch mit der Zeit.

Was braucht dein Körper?

Fühl dich eingeladen, neben emotionalen Impulsen auch deine körperlichen Impulse immer mehr zu beachten. Dein Körper hat seine eigene Weisheit und er weiß genau, welche Bewegungen er braucht, um sich zu regulieren. Vielleicht kennst du es, dass du dich instinktiv strecken möchtest, wenn du lange am Schreibtisch gesessen hast, um deinen Rücken wieder zu mobilisieren. Oder dich zu schütteln, wenn du etwas Unangenehmes erlebt hast. Oder deinen Kiefer zu bewegen, um die Anspannung zu lösen. Oder aufzustehen und den Platz zu wechseln, wenn du dich neben dem Menschen in der Straßenbahn nicht wohl fühlst. Genauso wie wir manchmal aus Anpassung bestimmten emotionalen Impulsen nicht folgen, verhält es sich oft auch auf der körperlichen Ebene. Häufig werden in der Erziehung bestimmte körperliche Impulse schlichtweg un-

terbunden: »Sitz gerade«, »hör auf zu zappeln« usw. hörten viele Kinder, in deren mittlerweile erwachsenen Körpern immer noch die Energie von früher schlummert und auf die Erlaubnis wartet, sich endlich ausdrücken zu dürfen.

Impulse in einem geschützten Rahmen ausagieren

Was würdest du in deinem Leben momentan am liebsten tun, wenn dich kein innerer Verhaltenskodex davon abhielte? Wem würdest du zum Beispiel am liebsten mal ordentlich die Meinung sagen? Was würdest du tun, wenn da nicht bestimmte Regeln oder Glaubenssätze wären, vielleicht auch Furcht vor unangenehmen Konsequenzen?

Keine Sorge, wir üben das jetzt mal ganz in Ruhe: Du brauchst dafür einen Raum, in dem du wirklich ungestört bist. Stell dir nun so deutlich wie möglich die Situation vor, in der du Schwierigkeiten hast, deinen eigentlichen Impulsen zu folgen. Wenn eine Person dazugehört, der du die Meinung sagen willst, platziere diese gedanklich an einer Stelle im Raum, die sich für dich richtig anfühlt. Du kannst auch einen Stuhl dorthin stellen.

Jetzt kannst du loslegen! Vielleicht brauchst du einen Moment, um die Situation mit allen Sinnen in dir wachzurufen. Nimm dir diese Zeit, um dich und dein System »einzutunen«. Achte auf festen Bodenkontakt und nutze Stimme, Gestik und Mimik sowie deinen ganzen Körper, um dich auszudrücken. Du kannst dir in dieser Übungssituation mal so richtig Luft machen und alles von der Seele reden, was du sonst so artig zurückgehalten hast. Achte darauf, was dein Körper machen will, und bleib in Bewegung. Höre nicht eher auf, bis du das Gefühl hast, dass es reicht.

Wie fühlst du dich nun? Erleichtert? Solche »gespielten« Situationen sind für viele ruhige Menschen eine hervorragende Möglichkeit, ihren Impulsen freien Lauf zu lassen. So kann das System lernen, wie viel besser es sich anfühlt, sich auszudrücken, als seine Impulse zu unterdrücken. In einer solchen Übungssituation kannst du auch heftige Gefühle zum Ausdruck bringen, die sich vielleicht schon länger aufgestaut haben und die im realen Kontakt mit einer anderen Person möglicherweise eine Überforderung wären. Mit der Zeit wird es dann auch in der Realität besser klappen, für deine eigene Wahrheit einzustehen! Keine Sorge, falls es

diesmal noch nicht so gut funktioniert haben sollte. Du kannst durch wiederholtes Üben immer besser lernen, deinen Impulsen freien Lauf zu lassen. Ich verspreche dir: Das kann richtig Spaß machen, und du wächst innerlich und äußerlich!

Eine Freundin von mir hat eine ähnliche Methode entwickelt, die ich auch richtig klasse finde. Nach einem emotionalen Tiefschlag ihres Ex-Partners fühlte sie sich auf 180 und in ihr kochte so einiges, was sie zu sagen hatte. Also nahm sie ihr Handy und ging schnurstracks nach draußen. Sie rief die Person nicht wirklich an, hielt sich aber ihr Handy ans Ohr und äußerte ohne Punkt und Komma alles, was sie loswerden wollte. Durch das Telefon am Ohr konnte sie sich draußen bewegen und gleichzeitig sprechen, ohne von anderen Menschen schräg angeschaut zu werden. Sie ging flotten Schrittes durch den Park, äußerte dabei ihre Gefühle und Impulse – ohne unterbrochen zu werden – und hörte nicht eher auf, bis sie ein deutliches Gefühl der Erleichterung empfand.

Tu, wovor du
ANGST
hast

Wo Licht ist, ist auch Schatten, sagt der Volksmund. Also gilt Gleiches auch andersherum: Dem Schatten ist das Licht sehr nah. Ein guter Wegweiser zu persönlichem Wachstum sind unsere Ängste, denn sie zeigen uns den Weg von unserem tiefsten Schatten zum hellsten Licht.

Angst ist im Ursprung ein natürlicher Mechanismus, der uns schützen und unser Überleben sichern möchte. Sie setzt Energien frei, die uns auf biologischer Ebene zum Kämpfen oder Fliehen bewegen wollen. Da aber diese Optionen in unserer modernen Zeit nur noch selten angemessen erscheinen (wir können in vielen Situationen ja nicht einfach weglaufen oder zuschlagen), erstarren viele Menschen innerlich und tragen die Ängste weiterhin in sich – bis diese irgendwann wieder an die Oberfläche drängen.

Die meisten Menschen wehren sich gegen ihre Ängste, fühlen sie sich doch oft schwächer dadurch, als sie sein wollen. Heutzutage gilt es schließlich, stark zu erscheinen und auch als Frau »den eigenen Mann« zu stehen! Doch auch der stärkste Mann hat vor irgendetwas Angst – dieses Gefühl macht uns menschlich!

Jede Angst ist ein Tor

Ängste wollen uns oft auf ein verstecktes Bedürfnis aufmerksam machen. Je nach Dringlichkeit sind wir gezwungen, uns genau damit auseinanderzusetzen und den verborgenen Schatz in der Angst zu erkennen.

Luise ist eine tatkräftige Single-Frau und ist bei allen als »die Starke« bekannt. Im Job scheut sie keine Verantwortung und gerne steht sie auch Freunden loyal mit Rat und Tat zur Seite. Nur eins kann sie ganz schlecht: schwach sein. Eines Abends bekommt sie völlig unerwartet eine Panikattacke. Erschrocken und mit Herzklopfen widersteht sie dem Bedürfnis, ihre Freundin anzurufen, und recherchiert erst einmal im Internet darüber. Sie beschließt zunächst, das Geschehene für sich zu behalten, wird jedoch in der kommenden Zeit häufiger von heftigen Panikattacken heimgesucht. Widerstrebend begibt sie sich in Therapie und lernt unerwartet eine ganz neue Seite an sich kennen, die durch die Angst hervorbricht: die weiche Luise, die sich anlehnen möchte und Nähe liebt. Widerstrebend erkennt sie, dass sie viele Jahre gegen diesen Teil in sich gekämpft hat. Erst als sie die Erfahrung macht, dass ihre Ängste in dem Maß abnehmen, wie sie ihre Weichheit zulässt, freundet sie sich langsam mit ihrer sanften und weiblichen Seite an.

Angst hat immer eine Botschaft, die entdeckt werden möchte. Sie wird in der Regel schwächer, wenn wir diese in unser Leben integrieren. Durch folgende Schritte kannst du persönlich an deinen Ängsten wachsen:

Entdecke den Schatz in deiner Angst

Beantworte dazu folgende Fragen:

Wovor habe ich Angst? Wovor habe ich *die größte* Angst?

Woran hindert mich meine Angst? Was würde ich ohne sie tun?

Was will mich meine Angst lehren? Wie kann ich durch sie wachsen?

Wozu fordert mich meine Angst heraus? Was kann ich tun, um ihr zu begegnen?

Habe ich durch sie einen versteckten Nutzen? Muss ich dieses oder jenes nicht tun, weil ich schließlich Angst habe?

Verbinde dich mit Ressourcen

Fühle den Boden unter deinen Füßen und alles, was dich stärkt.

Lerne, körperlich loszulassen und zu spüren, wie du getragen wirst.

Sorge gut für deine Basisbedürfnisse: essen, schlafen, Kontakt.

Verbringe viel Zeit in der Natur und gib deinem Kopf eine Auszeit.

Nimm eventuell die Hilfe eines Therapeuten in Anspruch.

Geh schrittweise in Aktion

Wild und frei und wunderbar zu leben heißt nicht, nie mehr Angst zu haben. Ganz im Gegenteil: Es bedeutet, Angst zu haben und trotzdem zu tun, wovor du dich fürchtest! Step by step …

Ein paar Beispiele:

Lampenfieber: Schauspieler und Redner haben Lampenfieber und betreten trotzdem die Bühne. Etwas getan zu haben, wovor du Angst hast, führt dazu, dass du dich danach angenehm entspannt fühlst. Beim nächsten Mal wirst du weniger Angst haben!

Existenzangst und Kontrollverlust: Durch die Erfahrung, dass das Leben dich trägt, wenn du dich traust, übermäßige Kontrolle abzugeben, wirst du eine neue Leichtigkeit empfinden, die du nicht mehr missen möchtest.

Bindungsangst: Wenn du Angst vor Beziehungen und Nähe hast, sind genau diese das Feld, in das du dich begeben darfst. Achtsam und in deinem Tempo. Bindung wird dein Leben bereichern, Vermeidung derselben wird deinen Lebensfluss auf Dauer blockieren.

Mutig sein bedeutet nicht, keine Angst zu haben, sondern die Angst zu spüren und trotzdem zu tun, was du willst.

Das
GESCHENK
der eigenen *Verantwortung*

Ein ganz wichtiger Baustein für deine neue Freiheit ist das Bewusstsein deiner Verantwortung für dich selbst. Eigenverantwortung ist ein großartiges Geschenk, denn durch sie übernimmst du das Zepter in deinem Leben und öffnest dich all dem, was in dir steckt.

Verantwortung hört sich vielleicht im ersten Moment recht ernst an, erwachsen, vernünftig, vielleicht sogar nach Routine. Dennoch ist diese Qualität die positive Voraussetzung, um frei nach deinen eigenen Regeln zu leben.

> Verantwortung für uns selbst zu übernehmen bedeutet, dass wir erkennen, dass wir die Schöpfer unserer eigenen Wirklichkeit sind.

Es bedeutet, Ja zu dir und deinem Leben zu sagen in dem Vertrauen, dass du gut für dich und dein Glück sorgen kannst. Gemäß der alten Volksweisheit »Hilf dir selbst, dann hilft dir Gott« wirst du entdecken, dass das Leben dich auf wundersame Weise unterstützt, wenn du die Zügel für dich und deine Zufriedenheit bewusst in die eigenen Hände nimmst.

Das bezieht sich auf alle Bereiche: Dein körperliches Befinden ist beispielsweise ein klarer Spiegel, der zeigt, ob du liebevoll mit dir selbst umgehst. Es liegt in deinen Händen, wie fit du dich fühlst und wie du dich ernährst. Du bist auch dafür verantwortlich, ob du glücklich in deinem Beruf bist. Hierzulande sind wir sehr privilegiert, was unsere berufliche Entwicklung betrifft. Niemand muss in einem Job bleiben, in welchem er sich nicht wohl fühlt. Es werden sich immer neue Türen auftun, wenn du offen dafür bist. Es ist aber allein deine Entscheidung, durch sie hindurchzugehen.

Seine Verantwortung zu übernehmen bedeutet, seine Kraft zu erkennen. Du bist zu so vielem in der Lage, was du vielleicht zum jetzigen Zeitpunkt noch gar nicht für möglich hältst! Glaube an dich, dann wird das Leben dich unterstützen. Eines Tages blickst du vielleicht zurück und bist stolz auf deine eigenverantwortlichen

Schritte, die dich dahin gebracht haben, wo du dann stehst: mitten in einem erfüllten Leben, im Bewusstsein deiner vollen Größe.

Auch was deine Beziehungen betrifft, bist du gut beraten, deine Rolle darin zu erkennen. Das Universum führt uns niemals zufällig zu einem bestimmten Menschen, vor allem in der Liebe. Fast immer gibt es auf seelischer Ebene einen Grund dafür, eine Lern- und Entwicklungsmöglichkeit.

Vorsicht vor der Opfer-Falle!

Phasenweise neigt fast jeder Mensch dazu, jemand anderen für irgendein Problem verantwortlich zu machen: die Eltern, den Partner, den Chef ... Allerdings berauben wir uns dadurch in den meisten Fällen unserer eigenen Größe und machen uns zum Opfer. Konflikte haben ihre Ursache, und jeder Beteiligte trägt seinen Anteil daran und kann daraus etwas lernen. Vielleicht möchtest du mir widersprechen? Möglicherweise hast du etwas Trauriges erlebt, wurdest verlassen oder sogar betrogen. Das ist natürlich alles andere als schön, da gebe ich dir recht. Es ist auch total menschlich, auf den anderen zu schimpfen und sich zu ärgern. Doch möchte dich das Leben auffordern, durch diese Krise zu wachsen. Da ist etwas in dir, was heilen möchte, und dazu bist du nur imstande, indem du die Verantwortung für deine Gefühle übernimmst. Dann wirst du entdecken, dass jedes Gefühl ein Freund ist, der dich näher zu dir selbst bringen kann. Verantwortung für deine Emotionen zu übernehmen und sie als deine Freunde zu erkennen, ist ein ganz wichtiger Schritt auf dem Weg in dein neues Leben.

Opferdasein bedeutet Stagnation. Hinter vielen Suchtproblemen steckt ein Opferbewusstsein. Wie schade! Das ist ungefähr so, als ob man königliche Kleidung besitzt, aber den ganzen Tag freiwillig in einem Lendenschurz durch die Gegend läuft. Wir haben die Wahl!

Checkliste für deine wilde, freie und wunderbare Verantwortung

- Unser innerer Erwachsene nimmt das innere Kind an die Hand. Dadurch kann ein Gefühl von Geborgenheit entstehen, egal wo du bist.

- Wir steuern bewusst unseren Teil zum Leben bei, indem wir zum Beispiel einem Beruf nachgehen, unseren Lebensunterhalt verdienen, uns um ein Projekt kümmern, Kinder großziehen usw.

- Wir kennen und bejahen unsere Gefühle und Bedürfnisse.

- Wir behandeln andere Menschen wertschätzend, genauso wie wir selbst behandelt werden wollen. Wir sehen uns als kreative Gestalter unseres Lebens, nie als Opfer.

Du bist ein
WUNDERBARES
Unikat

Hat dir das schon mal jemand gesagt? Wenn nicht, dann sage ich es dir heute: Du bist ein einzigartiger und unglaublich wertvoller Mensch. Richtig gelesen! Sogar mehr als das: Du kannst etwas in diese Welt bringen, was nur ganz allein dir möglich ist.

Auch wenn du es zum jetzigen Zeitpunkt noch nicht glaubst oder fühlst, glaube mir: Du bist genau so richtig, so wie du gerade bist, mit all deinen Talenten und Stärken, aber auch und vor allem mit deinen vermeintlichen Schwächen, all deinen Gefühlen und Nöten. Den meisten von uns wurde das so in ihrer Entwicklung leider nicht beigebracht

oder widergespiegelt, und deshalb ist es für viele Menschen eine ganz neue und ungewohnte Erfahrung, bedingungslos angenommen und wertgeschätzt zu werden.

Nimm dir einen Moment Zeit ... Wie fühlt sich das an, wenn dir das jemand sagt?

Schalte dein inneres Licht an

Ich kenne dich ja gar nicht, magst du jetzt denken. Aber selbst wenn wir uns noch nie persönlich begegnet sind, so sind wir auf seelischer Ebene alte Verwandte. Deshalb weiß

ich, dass in dir, wie in jedem Menschen, ein großartiges Potenzial schlummert, das verwirklicht werden möchte. Ich möchte dich an dein inneres Licht erinnern und dich ermuntern, es strahlen zu lassen. Und wenn wir beide uns mal treffen sollten, was mich sehr freuen würde, dann schreibe ich dir gern persönlich in dieses Buch, dass du einzigartig und wertvoll bist! Außerdem ist auch der Punkt, an dem du gerade in deinem Leben stehst, genau richtig. Alles, was du bisher erlebt oder auch durchgemacht hast, diente deiner Entwicklung und Vorbereitung auf deine Lebensaufgabe. Vielleicht bist du manchmal gestolpert oder hast Umwege eingeschlagen, hast Fehler gemacht oder bist auf die Nase gefallen. Das ging mir nicht anders – wir sind Menschen.

Wenn du erkennst, dass deine jetzige Situation genau das spiegelt, was es gerade zu lernen gilt, und dir genau die Chancen bietet, die dich wachsen lassen, dann kannst du mit dem Leben fließen. Besonders vermeintliche Misserfolge bieten dir das Geschenk, dir selbst näher zu kommen. Du wirst erkennen, dass alle Menschen in deinem Leben dir geschickt wurden, sei es als Rückenwind, Gegenwind oder auch zur Heilung alter Gefühle.

Inspiration zur Entfaltung

Bestimmt gibt es auf deinem Weg auch Menschen, die dich inspirieren, von denen du dir eine Scheibe abschneiden möchtest. Das ist prima, und es ist auch kein Zufall. Wenn dich jemand inspiriert, dann bedeutet es, dass sich etwas in dir mit dieser Person in Resonanz befindet und wachsen möchte. Mach dir aber auch bewusst, dass du selbst ein Rohdiamant, ein Unikat bist. Versuche niemanden zu kopieren, das wäre reine Zeitverschwendung und Vergeudung deiner Individualität.

Sieh Inspiration durch andere wie einen wunderbaren Shoppingausflug. Bei deinem Lieblingsbäcker kaufst du dir morgens knusprige Brötchen, in deiner Lieblingsboutique erstehst du farbenfrohe Kleider, in denen du dich gut fühlst, und bestimmt gibt es auch ein Schuh- und Taschengeschäft, wo du dir die Schuhe und Accessoires kaufen kannst, die dich glücklich machen (zumindest, wenn du eine Frau bist). Alles, was dich im Außen anspricht, verrät dir, wer du bist, was du kannst und was du dir wünschst. Es kann auch gut sein, dass dir später andere Dinge gefallen als heute, weil du dich veränderst, und auch das ist wunderbar. Aber letztlich bist DU es, der diese zu dir passenden Qualitäten nutzt! Das neue Kleid wirkt nur, wenn DU darin strahlst. Trägst du es ausschließlich, weil eine Hollywoodschauspielerin so toll darin aussieht, wird man dich nicht bemerken – oder eben nur dein Kleid und nicht dich. Im Bewusstsein deiner Einzigartigkeit aber wird alles Äußere gleichsam zur Dekoration deines Besondersseins.

Erkenne deine Essenz
ANREGUNG ZUR LIEBEVOLLEN SELBSTERFORSCHUNG

Praxisanleitung

Wie du deine Essenz noch besser erkennen und entwickeln kannst, zeigt dir die folgende Übung. Nimm dir einen Block, einen Stift und viel Zeit an einem Ort, an dem du dich wohl fühlst. Denn dieser unterstützt deine Essenz! Wenn du möchtest, dass deine Pflanze wächst und gedeiht, braucht sie erstklassige Rahmenbedingungen. Dann beantworte folgende Punkte, um dein innerstes Wesen zu erforschen:

- Notiere 20 Adjektive, die dich beschreiben. Sei dabei freundlich und ehrlich mit dir. Bring sie dann in eine Reihenfolge, in welcher die für dich deutlichste Eigenschaft an erster Stelle steht, dann die zweitwichtigste usw.

- Wofür brennst du? Oder wenn du gerade vielleicht kein Feuer spürst, wofür hast du mal gebrannt, wofür kannst du dich begeistern?

- Welche Talente siehst du in dir, welches Potenzial erkennen andere in dir? Was kannst du richtig gut, bei welcher Tätigkeit verspürst du Leichtigkeit und Sinn?

- Welche Gefühle begleiten dich in deinem Leben? Ist dein Naturell fröhlich oder eher melancholisch, sanftmütig oder temperamentvoll?

- Welche Erfahrungen auf deinem Weg haben dich geprägt – persönlich, emotional, beruflich, gesundheitlich? Was hast du rückwirkend aus ihnen gelernt?

- Wenn es einen Werbeslogan für dich gäbe, wie würde dieser lauten? Sei kreativ und versuche, dein Wesen, deine Persönlichkeit in einem Satz zusammenzufassen, vielleicht noch mit einem Jingle dazu.

- Last but not least: Was brauchst du, damit du dich in deiner Einzigartigkeit wohl fühlst? Nimm dir Zeit und spür nach. Oft sind wir sehr schnell damit zu sagen: »Alles ok, ich komme gut klar.« Aber wenn du dich ganz ehrlich fragst, was du in der Tiefe deines Herzens brauchst, tauchen vielleicht ganz neue Aspekte auf, die dich bereichern und deiner Essenz neuen Nährboden geben können. Vielleicht brauchst du mehr Ruhe? Mehr Aufmerksamkeit? Mehr Liebe für dich selbst? Schreibe all das auf, was du für dich selbst tun kannst.

Entdecke all das – und glaube mir, da ist viel mehr, als du bislang zu träumen gewagt hast –, was dich persönlich tief innen ausmacht.

Trau dich,
DU SELBST
zu sein

Wenn eine Person als sympathisch eingestuft wird, fällt oft der Satz: »XY ist so authentisch! Man kann gar nicht anders, als sie zu mögen.« Dahinter steckt eine ganz einfache Gesetzmäßigkeit: Menschen, die sich natürlich geben, sind Gewinner, denn sie appellieren an uns, dass wir uns ebenfalls natürlich geben dürfen. Das wiederum ist viel angenehmer, als sich zu verbiegen, den Bauch einzuziehen und eine Rolle zu spielen.
Mit anderen Worten:

Authentizität bedeutet nichts anderes, als aufrichtig statt angepasst zu leben.

Interessanterweise sind es gerade die kleinen vermeintlichen Fehler und Makel, die Authentizität ausmachen. Sind dir diese perfekten Menschen, die immer kontrolliert und richtig handeln, nicht auch unheimlich; verglichen mit einer Bridget Jones und ihren überaus sympathischen Macken und Schwächen? Jemand, der offen zu allen seinen Seiten steht, gibt uns dadurch die Erlaubnis, das auch zu tun. Das ist einfach das Resonanzgesetz.

Authentizität gewinnt

Fühl dich darin bestärkt, einen authentischen Umgang mit deinen Emotionen zu pflegen. Das schenkt dir Leichtigkeit und Entspannung anstelle der Anstrengung, die durch Anpassung entsteht. Auch wenn es manchmal schwer fällt, sich seine wahren Gefühle einzugestehen, so ist genau das authentisch! Sobald du dich vertrauten und lieben Menschen damit zeigst, wirst du dich besser fühlen und auch in ihnen etwas bewegen und öffnen. Das sind praktisch die zwei Stufen von Authentizität:

Authentizität dir selbst gegenüber
Authentizität im Umgang mit anderen

Auch im Beruf ist Authentizität eine Gewinner-Eigenschaft. Im Bewerbungsgespräch bekommen nicht unbedingt diejenigen mit den besten Qualifikationen den Zuschlag, sondern oft die

> »Sobald du dir vertraust, sobald weißt du zu leben.«
>
> Johann Wolfgang von Goethe

Bewerber, die sich authentisch, offen und echt geben. Wenn wir spüren, wo wir bei jemandem »dran« sind, fühlen wir uns sicherer mit der Person, und das gilt insbesondere im Job und in engen Beziehungen.

Authentizität ist neben Bewusstsein einer der Schlüsselbegriffe für dein wildes, freies und wunderbares Leben. Lies dazu im Folgenden die besten Tipps.

Authentizitätsbooster

1. Die Basis, um dich dir selbst zu stellen und genauso authentisch deiner Umwelt zu begegnen, heißt Vertrauen. Deswegen fördere großzügig alles, was dir in deinem Leben Vertrauen gibt und guttut, was dir vor allem gesundes Selbstvertrauen schenkt.

2. Authentisch zu leben bedeutet auch, sich seiner Kraft bewusst zu sein. Auf physischer Ebene ist das ganz leicht zu trainieren, indem du viel Sport treibst. Emotional in seine Kraft zu kommen ist meist ein etwas längerer Prozess, bei dem dir der folgende Punkt hilft.

3. Authentizität bedeutet, Ja zu dir selbst zu sagen, mit allem, was du bist, fühlst und dir wünschst. Es mag sein, dass andere das nicht tun, aber maßgeblich ist, was du entscheidest. Schenk dir selbst liebevoll die Erlaubnis, fröhlich, albern und glücklich zu sein, genauso aber traurig, wütend und bedürftig. Wir können das nicht gut vor anderen zugeben, was wir uns selbst nicht zugestehen. Sobald du eine Eigenschaft oder ein Gefühl in dir bejahen kannst, wird es viel einfacher, das auch anderen gegenüber zu zeigen.

4. Kommuniziere authentisch und mit Herz: Du kannst dich einfach und natürlich mitteilen, wenn es dir gelingt, mit einem Teil deiner Aufmerksamkeit bei deiner Selbstwahrnehmung zu bleiben. Spüre deinen Körper und sag ganz einfach »ich fühle...« oder »ich brauche...«, ohne dich im Kopf oder in allzu vielen Erklärungen zu verlieren. Authentisch und spürbar bist du, wenn du mit dir selbst verbunden bist und bleibst.

Wo ist
DEIN
Fokus?

Je mehr du dich auf die neue Freiheit in deinem Leben einlässt, desto aufmerksamer wirst du. Das betrifft natürlich auch deinen persönlichen Energiehaushalt. Du hast wie jeder Mensch eine Menge Energie zur Verfügung und kannst ganz bewusst entscheiden, wofür du diese einsetzen möchtest. Wo liegt dein Fokus? Worauf möchtest du deine Aufmerksamkeit konzentrieren? Je besser und achtsamer du mit deiner Energie umgehst, desto mehr kannst du damit erreichen.

Heutzutage gibt es leider im Alltag viele Energiefresser. Diese sind den meisten Menschen schon so selbstverständlich geworden, dass sie gar nicht mehr auffallen! Wie viel Energie allein so ein Smartphone beansprucht! Wie oft schaust du am Tag darauf? Wie viele Minuten, vielleicht sogar Stunden deiner Zeit beansprucht es täglich? Auch wenn es durchaus einiges an Informationen und positiven Nachrichten zurückgibt, so zieht es trotzdem sehr viel Energie auf sich, die vielleicht anderswo noch besser investiert wäre. Ein Handy ist nun mal ein hervorragendes Ablenkungs-Werkzeug.

Vielleicht bist du auch eine liebenswerte Helfernatur. Das macht dich überaus sympathisch. Aber lerne dabei gleichzeitig, gut auf deinen eigenen Energiehaushalt aufzupassen. Nicht selten brennen Menschen aus, die sehr lange und engagiert in helfenden Berufen tätig sind. Die Vogelmama, die den ganzen Tag die Schnäbel ihrer hungrigen Kinder stopft, könnte das auch nicht ein Leben lang.

Als Helfernatur bist du vielleicht sogar besser darin, die Bedürfnisse der anderen zu erfühlen als deine eigenen. Deshalb ist es wichtig zu lernen, wann du deine Kraft aus deinem Muster zu helfen heraus einsetzt und wann, weil es wirklich deinem tiefen inneren Wunsch entspricht. Damit wären wir wieder bei deinem Fokus.

Dein Fokus in einem wilden, freien und wunderbaren Leben entspringt nämlich nicht deinen Mustern oder deinem Ego, sondern dem Wunsch deiner Seele und deines Herzens. Da du immer mehr von innen heraus deine Wahrheit zum Ausdruck bringst, wird eine neue Energie und große Kraft in dir geweckt. Wahrscheinlich wirst du den Wunsch verspüren, diese gezielt und sinnvoll einzusetzen. Und diese Energie ist unglaublich kostbar!

Stell dir vor, du wärst mit einem Eimer Wasser in der Wüste unterwegs. Du würdest sehr gut aufpassen, dass nichts von deinem Wasser verschütt geht. Genauso wertvoll ist deine eigene Energie – pass gut auf, dass sie nicht unbedacht verloren geht und irgendwo spurlos versickert.

Lass dich von der Stimme deiner Seele leiten, wenn du herausfinden möchtest, wie und wo du deine Energie am besten einsetzt. Deine Intuition möchte dich jederzeit führen.

>»Du musst entscheiden, was deine höchsten Prioritäten sind,
und den Mut haben – freundlich, lächelnd und ohne dich dafür
zu entschuldigen –, zu anderen Dingen Nein zu sagen.
Und das kannst du, wenn ein größeres Ja! in dir brennt.«

Stephen Covey

Deinen Fokus finden

Ich schlage dir folgende zwei kleine Reflexionen vor, die dich fokussierter werden lassen.

Die erste bezieht sich auf deine aktuellen Prioritäten und Ziele. Worauf möchtest du deine Energie ausrichten? Wenn du aufschreibst, was dir am wichtigsten ist, und die Bereiche je nach Wichtigkeit optisch hervorhebst, wirst du noch deutlicher sehen, wie deine Prioritäten in deinem Leben verteilt sind. Voilà!

Als Nächstes identifiziere deine persönlichen Energiefresser. Sei ganz ehrlich mit dir: Was kostet dich Energie, die du lieber woanders einsetzen würdest? Nenne diese Fallen alle beim Namen. Schreib sie auf, denn das ist ein guter erster Schritt, um sie loszuwerden. Versprich dir liebevoll, ab sofort deine Werte und deinen Fokus wertzuschätzen und dich nicht durch die kleinen und großen Energievampire des Alltags davon ablenken zu lassen.

»Gib jedem Tag die CHANCE,
der *schönste* deines
LEBENS zu werden!«

Mark Twain

Arbeit, die dich
GLÜCKLICH
macht

Jeder Mensch braucht eine sinnvolle Aufgabe. Persönliche Erfüllung im Beruf hat so viele Vorteile: Sie stärkt dein Selbstwertgefühl. Du gehst am Morgen gerne zur Arbeit und hast einen positiv ausgefüllten Tag. Du gibst dem Leben dein Können, und die Firma und andere Menschen profitieren von deinen Talenten. Als gerechter Rückfluss kommt regelmäßig dein Gehalt auf dein Konto und schenkt dir finanzielle Sicherheit, um dein Leben zu unterhalten. So sieht der Idealfall aus ...

Natürlich ist deine momentane berufliche Situation ein Spiegel, eine Bühne deines Innenlebens. Die Tätigkeit, deine Kollegen und deine Zufriedenheit in diesem Job zeigen dir in gewisser Weise, wo du gerade stehst – oder vielleicht auch, wo du eigentlich hin möchtest.

Leistung bis zum Burn-out

In unseren Breiten geht es heutzutage sehr viel um Leistung. Kein Wunder, schon während des Aufwachsens bekommen viele Kinder indirekt beigebracht, dass sie umso liebenswerter seien, je besser ihre Noten sind. »Aus dir soll mal was Richtiges werden«, hören viele bereits in jungen Jahren, und zwischen den Zeilen lässt sich daraus lesen: »Noch bist du nichts.« Bei vielen erfolgreichen Menschen, die sich lautstark mit ihrem Umsatz, ihrem Gehalt und sonstigen Errungenschaften brüsten, spricht nicht selten

> »Im Leben geht es nicht um Kriegen und
> Haben, sondern um Geben und Sein.«
>
> Kevin Kruse

das innere Kind und sagt: »Schaut mal, wie toll ich das gemacht habe! Bekomme ich jetzt endlich eure Liebe und Anerkennung, wo ich mich doch so angestrengt habe? Seht ihr auch alle, wie viel ich durch meine Leistung wert bin?« Dabei hängt unser Wert als Mensch mit Sicherheit nicht von äußeren, prestigebringenden Faktoren ab!

Natürlich ist es schön, etwas zu leisten und sich über Resultate zu freuen. Am besten über die Verwirklichung von echten Herzens-Zielen! Denn dann geht es um einen gesunden Schaffensdrang der Seele statt um ein leeres Streben des Egos nach äußerer Anerkennung.

Wie lebensverändernd es sich anfühlt, etwas zu tun, was wirklich den eigenen Werten entspricht, hat auch David erlebt:

David arbeitete in einem großen Unternehmen in der Automobilindustrie als Ingenieur. Irgendwann hatte er selbst das Gefühl, nur noch zu funktionieren wie eine Maschine: Ein Projekt jagte das nächste, sein Privatleben blieb völlig auf der Strecke. Außerdem vermisste er Wertschätzung vonseiten des Unternehmens. Die Diagnose seines Hausarztes »Burn-out« brachte ihm nicht nur die dringend benötigte Ruhe, sondern bildete einige Zeit später den Startschuss für eine Neuorientierung. David stellte fest, dass er so weder weitermachen wollte noch konnte. Er sehnte sich nach Sinn und Menschlichkeit und er fühlte das Bedürfnis, etwas zu geben, was sein technisches Wissen und seine Erfahrung in der Branche mit seinem Herzen verband. Mittlerweile ist er selbstständig als Coach für Burnout-Prävention tätig. Aufgrund seiner eigenen Vergangenheit schätzt er es sehr, seine Klienten bei positiven Veränderungen zu unterstützen, bevor sie in die Falle tappen.

Zum Glück fühlen sich immer mehr Menschen motiviert, neue Wege einzuschlagen. Ein Burn-out – ein Weckruf von Körper und Seele – möchte letztlich dazu auffordern, die eigene Mitte zu stärken, Selbstliebe zu

You only live once. Träume nicht dein Leben. Lebe deine Träume!

gewinnen und einen neuen Sinn zu entdecken. Das ist viel erfüllender und gesünder, als die eigene Lebensenergie unter schlechten Bedingungen zu verlieren!

Vom Beruf zur Berufung

Du hast wie jeder Mensch eine Berufung, eine Lebensaufgabe. Bestimmt hattest du schon eine leise Idee davon, was das vielleicht sein könnte. Viele Kinder haben bereits kreative Einfälle, was sie später einmal werden wollen, wenn sie groß sind. In vielen Köpfen blitzen Visionen und Träume auf, die verwirklicht werden wollen. Wenn du dir das Wort Lebensaufgabe genauer anschaust, entdeckst du das Wort »Gabe« darin. Du besitzt wie jeder Mensch einzigartige Gaben und Talente, die dich auszeichnen. Wenn es dir gelingt, diese in deinem Beruf umzusetzen, wirst du dich nicht nur persönlich glücklich und erfüllt fühlen, du wirst auch der Welt dienen und sie enorm bereichern. Das hört sich wunderbar an, denkst du jetzt vielleicht, fast zu schön, um wahr zu sein … Aber tatsächlich leben viele Menschen bereits diesen Traum, und es werden immer mehr!

Deine Lebensaufgabe finden

Wenn du deiner Lebensaufgabe auf die Spur kommen möchtest, nimm dir zwei große Bogen Papier und beginne zu schreiben. Notiere auf dem ersten Blatt, bei welchen Tätigkeiten du in der Vergangenheit ein Gefühl von Leichtigkeit und Freude empfunden hast. Gehe dein ganzes Leben chronologisch durch und schreibe alles auf, wobei du ein Gefühl von Sinnhaftigkeit erlebt, wobei du dich »richtig« gefühlt hast.

Auf dem zweiten Bogen schreibst du deine Talente auf, deine »Gaben«, die dich zu deiner Lebensauf-»gabe« führen können. Vielleicht magst du zu dieser Frage auch deine/n Partner/in, Freunde oder Familie befragen, denn oft sehen diese noch zusätzliche Stärken in dir, die du selbst noch gar nicht erkennst oder als selbstverständlich wahrnimmst.

Momentan bist du vielleicht in einem Beruf tätig, in dem du diese Gaben noch nicht wirklich auslebst. Es ist prima, dass du diesen Beruf hast, und du solltest ihn keineswegs vorschnell aufgeben. Aber im Sinne deiner persönlichen Berufung rate ich dir, deine Talente und Ideen nicht auf die lange Bank zu schieben, sondern ganz bald Möglichkeiten zu finden, um diese in deinem Leben umzusetzen. Möglicherweise zunächst als Hobby, dann vielleicht nebenberuflich. Und es ist durchaus möglich, dass das Leben dich hundertprozentig auf einem neuen Weg haben möchte.

Vertraue und folge deiner Intuition!

Mach dir Folgendes klar: Nicht gelebtes Talent ist wie Gold in einer Schatztruhe, die das ganze Leben lang verschlossen bleibt. Wie schade darum – lass es nicht so weit kommen! Erfreue dich und deine Umwelt an deinen Schätzen, verwirkliche dein Können. Wenn du willst, wirst du Wege dazu finden. Das wird deine Lebensqualität um ein Vielfaches steigern und die deiner Umwelt gleich mit!

»Dort, wo sich
DER BEDARF DER WELT
und deine *Talente* treffen –
dort liegt deine Berufung.«
Aristoteles

Folge
DEINEN
Visionen

Träume und Visionen wollen verwirklicht werden. Kreative Zukunftsideen, die sich für dich angenehm anfühlen, sind keineswegs Hirngespinste, sondern wertvolle Hinweise auf deine Lebensaufgabe.

Am glücklichsten und erfülltesten sind in der Tat die Menschen, die ihre Visionen in die Realität umsetzen. Davor aber stehen verschiedene Herausforderungen, die vielleicht auch dir bekannt sind.

Viele Menschen fragen sich:

- wie sie ihrer Vision noch besser auf die Spur kommen können,

- wie sie im Alltag mehr Zeit dafür gewinnen können,

- ob sie das Recht dazu haben, schließlich sind da auch noch die Familie und andere Verpflichtungen,

- wie sie mit ihrer Vision Geld verdienen können,

- ob sie talentiert genug sind.

All diese Gedanken und Zweifel sind völlig menschlich, und du stehst ganz bestimmt nicht allein damit da. Du wirst Antworten finden, wenn du aktiv wirst. Es ist Zeit, deinen Träumen zu folgen!

Vertraue deinen inneren Bildern

Schiebe mal für einen Moment lang alle logischen Argumente und gut gemeinten äußeren Ratschläge beiseite und fühle, was dich glücklich machen würde. Vielleicht läuft dabei vor deinem inneren Auge ein Film ab, in welchem du dich selbst von außen bei bestimmten Aktivitäten siehst, und diese Vorstellung verleiht dir ein wunderbares Hochgefühl.

Erinnere dich auch an alles, was dich bislang glücklich gemacht hat, welche Tätigkeiten und Aufgaben dein Herz zum Lachen gebracht haben. Herzenswünsche und Visionen haben nämlich die Eigenschaft, dich in den meisten Fällen auf deine persönliche Bestimmung hinzuweisen. Der amerikanische Theologe Frederick Buechner bringt in seinen Worten noch einmal das zum Ausdruck, was bereits Aristoteles über 2000 Jahre zuvor sagte:

> »Unsere Berufung liegt da, wo unsere größte Leidenschaft auf den größten Bedarf der Welt trifft.«

Was für ein schönes Zitat! Deine Berufung dient also sowohl deiner eigenen Erfüllung als auch dem Wohl des großen Ganzen! Stell dir vor, dass das, was du am liebsten tust, wonach du regel-

recht ein inneres Bedürfnis verspürst, gleichzeitig einen Bedarf der Welt beantwortet. Durch dein Tun kannst du praktisch eine Lücke schließen. Das Leben wird dich in jeder Hinsicht unterstützen, um deine Vision in die Tat umzusetzen. Das muss nicht bedeuten, dass du dafür alles andere in deinem Leben stehen und liegen lässt. Ganz im Gegenteil: Visionen besitzen die Qualität von Leichtigkeit. Wenn es so sein soll, werden sich Türen öffnen und Chancen bieten, wie du neben Familie, Beziehung und Beruf Zeit für die Verwirklichung deiner Träume findest – in kleinen Schritten, denn Rom wurde auch nicht an einem Tag erbaut.

Vielleicht beziehen sich deine Visionen auch auf andere Bereiche, zum Beispiel Familie oder ein ehrenamtliches Engagement, um einen Zustand zu verbessern. Wunderbar! Nimm auch diese Ideen genauso ernst. Je authentischer und klarer du mit deinem Wunsch bist, desto wahrscheinlicher wird dein Erfolg. Jeder, mit dem du zu tun hast, wird deine Präsenz und deine Leichtigkeit spüren, die du ausstrahlst, wenn du deinen Träumen folgst.

smile everyday

YUGA
MIND&SOUL

Kraftdistel

I ♥ MY JOE

NOBO Y'S
PER ECT

Liebe ♥ Lu
Leidensch

TRau DiCH

Dein Vision-Board
VISUALISIERE, WAS DU WIRKLICH WILLST

Praxisanleitung

Im Wort Vision steckt das Wort visuell. Ein Vision-Board ist eine Collage, die deine Ziele und Träume deutlich sichtbar zum Ausdruck bringt.

- Suche dir Abbildungen, Fotos und Headlines aus Zeitschriften und Katalogen, male, kopiere oder schneide alles aus, was deine Vision und ihre Elemente symbolisiert. Das können konkrete Gegenstände, Orte oder Menschen sein oder einfach etwas, das ein bestimmtes Lebensgefühl zum Ausdruck bringt. So erzählte mir jemand, dass das Bild »Café de nuit« von van Gogh genau das Gefühl anspräche, das er in seinem Leben haben wolle.

- Klebe deine Bilder auf eine große Pappe oder Leinwand und in die Mitte noch ein schönes Foto von dir selbst, auf dem du dich glücklich fühlst und dies ausstrahlst.

- Glückwunsch, du hast soeben einen ersten äußeren Ausdruck deiner inneren Vision gestaltet. Aber das war nur der Startschuss. Häng nun dein Board dort auf, wo du es jeden Tag mehrfach bewusst betrachten kannst. Gut geeignet ist zum Beispiel die Wand über deinem Bett, denn dann ist es morgens das Erste und abends das Letzte, was du siehst. So wandern die Eindrücke zweimal täglich schnurstracks in dein Unbewusstes und prägen sich ihm ein, was früher oder später dafür sorgt, dass sie auch auf physischer Ebene Gestalt annehmen.

Deine Vision erhält immer mehr Raum in deinem Leben, je mehr du dich mit ihr beschäftigst. Inspiration und Motivation schenkt dabei auch der Austausch mit Gleichgesinnten. Vielleicht mögt ihr euch einmal monatlich zu einem Visionstreffen verabreden und gegenseitig unterstützen? Je mehr deine Vision in dir zum Leben erwacht und wie eine Pflanze gepflegt wird, desto mehr wird sie wachsen und in der äußeren Welt zum Ausdruck kommen.

> Träume und Vorstellungen sprechen vor allem in Bildern. Deshalb kannst du dein Unbewusstes auch am besten über Bilder erreichen.

So
MANIFESTIERST
du bewusst

Du hast die Fähigkeit, dein Leben ab einem bestimmten Punkt bewusst so zu gestalten, wie du es möchtest. Wie jeder Mensch, der sich seiner Schöpferkraft bewusst wird, kannst du Umstände, Dinge und Beziehungen manifestieren, die du dir wünschst und die sich für dich gut und richtig anfühlen. Dafür ist es ganz wichtig, dass du dir zunächst dessen bewusst wirst, was du dir wirklich wünschst.

Vielleicht fällt dir dazu gleich jede Menge ein. Es könnten angenehme Kleinigkeiten sein, andere Lebensumstände oder auch größere materielle Ziele wie ein eigenes Haus oder ein bestimmtes Auto. Frauen sehnen sich oft nach ihrem Wunschgewicht, dem Mann ihrer Träume oder einer Familie. Ich möchte dich einladen, einen Schritt weiter zu gehen und dich zu fragen, was hinter deinem Wunsch steht. Vielleicht glaubst du bewusst oder unbewusst, durch Erreichen dieses Wunsches mehr Anerkennung oder Zuwendung von anderen zu bekommen. In diesem Fall wird sich wahrscheinlich bald nach Verwirklichung

deines Wunsches ein neues Ziel in deine Vorstellung schleichen, vielleicht sogar eine ganze Reihe an immer höher gesteckten Zielen, die du in deinem Leben manifestieren möchtest. Dann kann der Prozess der Manifestation in Stress ausarten, und möglicherweise stellst du irgendwann fest, dass du dich trotz erfolgreicher Manifestationen und äußerer Leistungen innerlich leer fühlst.

Deswegen ermuntere ich dich, von Anfang an deine Aufmerksamkeit darauf zu richten, was du dir *aus tiefstem Herzen* wünschst. Denn nur das wird dich auf Dauer glücklich machen und mit Leichtigkeit und Sinn erfüllen.

Mein eigener Weg

In meinem eigenen Leben dauerte es einige Zeit, bis ich die Kraft der Manifestation ganz bewusst einzusetzen begann. Ich wusste eigentlich schon relativ früh um diese Zusammenhänge und wandte sie gelengentlich auch erfolgreich an, zum Beispiel bei Prüfungen. Aber oft war ich einfach so beschäftigt – und so kam es, dass sich in meinem Leben dies und das manifestierte, aber mir fehlte der Fokus.

Das änderte sich, als ich begann, endlich hundertprozentig auf meine innere Sehnsucht zu hören. Ich wollte einfach nicht mehr tun, was »man« tut: von 8.00 bis 16.00 Uhr einem Beruf nachgehen, der der eigenen Ausbildung entspricht, heiraten, Kinder kriegen und in ein Reihenhaus ziehen, um mich dann irgendwann erschrocken oder resigniert zu fragen, ob das wirklich schon alles war.

Ich stellte mir also innerlich immer wieder die Frage: »Was ist meine Aufgabe in diesem Leben – worauf soll ich mich konzentrieren?« Meine Intuition sagte mir ganz deutlich, dass ich schreiben sollte und zwar nicht mehr über Sport- und Gesundheitsthemen, wie es meinem angestammten Beruf entsprach, sondern über Gefühle und persönliche Entwicklung. Denn dafür brennt mein Herz viel mehr! Ich begann also, meinen ersten Ratgeber zum Umgang mit Gefühlen zu Papier zu bringen, und war dabei von so viel Leichtigkeit erfüllt, dass ich manchmal spät nachts nach der Arbeit noch schrieb. Das war mein Weg!

Die nächsten Schritte ergaben sich daraufhin wie von selbst, ich hatte das Gefühl, dass das Leben mich führte – zum richtigen Verlag, zu weiteren Ausbildungen, zu den richtigen Menschen –, jetzt wo ich mich hundertprozentig meiner wahren Aufgabe verschrieben hatte: nämlich Menschen zu helfen, emotional ganz

---

Im Wort **Manifestation** steckt das lateinische Wort manus – die Hand. Es geht also um etwas, das wir durch unser Handeln erschaffen. Der erste Schritt besteht aber darin, durch unsere Intuition und Vorstellungskraft auf geistiger Ebene bewusst ein Bild von dem zu kreieren, was wir manifestieren möchten. Je lebendiger und klarer dieses Bild in uns entsteht und freudig von uns bejaht wird, desto mehr werden wir in dieser Richtung aktiv werden und desto wahrscheinlicher werden wir das gewünschte Resultat bald in unsere Erfahrung ziehen. Dabei spielt das Resonanzgesetz eine Rolle, das besagt, das Gleiches Gleiches anzieht.

> Wenn du ein klares Ziel hast
> und dich auf den Weg machst,
> wird das Leben dir entgegenkommen
> und dich unterstützen.

in ihre Kraft zu kommen und glücklich und erfüllt zu leben. Dafür war mein vorheriger Beruf die ideale Vorbereitung, hatte ich doch in zehn Jahren, die ich im klinischen Bereich gearbeitet habe, oft beobachten können, wie seelische und körperliche Blockaden Menschen hindern, ihr Potenzial an Lebendigkeit und Erfüllung zu entfalten.

Ich entwickelte also eine klare Vision dessen, wie ich mir mein Leben und meine Aufgabe idealerweise vorstellte. Und weil Wünschen allein nicht reicht, bastelte ich mir in Form von Bildern, Collagen, Texten und Affirmationen eine kreative Landkarte. Bald stellte ich fest, dass ich zusätzlich einen konkreten Zeitplan brauchte, der mir wöchentlich und monatlich bestimmte Aufgaben und Ziele vorgab.

Auf jeden Fall musste ich innerlich und äußerlich auch einiges loslassen, um Neues zu manifestieren, vor allem ein Gefühl von Sicherheit und Routine. Da ich persönlich kein Freund radikaler Veränderungen bin, reduzierte ich schrittweise meinen alten Job und baute dafür eigene Kurse und einen Blog auf und beriet erste Klienten einzeln.

Der wichtigste Rat, den ich dir mitgeben möchte, ist, deine Wünsche und Ziele aufzuschreiben. Das Ausformulieren ist der erste Schritt deiner Wünsche in die Wirklichkeit. Oder du schließt einen »Vertrag« mit dir selbst, in welchem du dich freundlich, aber bestimmt deinen inneren Seelenzielen verpflichtest. Bewahre diesen Zettel gut auf, früher oder später wird er dir wieder in die Hände fallen und vielleicht bist du überrascht, wie viele Punkte sich schon verwirklicht haben!

Weibliche und männliche Energie einsetzen

Genau genommen besteht der Prozess der erfolgreichen Manifestation aus zwei Komponenten – der weiblichen und der männlichen Energie. Die Grundlage schaffst du zunächst, indem du kreativ bist und auf deine Fantasie, deine Gefühle und Intuition hörst. Sie möchten dir zeigen, wo es in deinem Leben hingehen soll, was du manifestieren möchtest. So kannst du einen »mentalen Umriss« dessen erstellen, was bald Wirklichkeit werden soll. Dieser erste »weibliche« Schritt ist ganz wichtig. Aber er

wird nur in der Realität Ergebnisse erschaffen, wenn er durch den zweiten »männlichen« Schritt ergänzt wird – die Aktion. Deshalb rate ich dir, genauso kreativ wie planvoll vorzugehen, um deine Träume Wirklichkeit werden zu lassen.

Denk daran, wie du vorgehst, wenn du mit dem Auto an einen bislang unbekannten Ort fahren möchtest. Sobald du dir deines Ziels bewusst bist, programmierst du dein Navi und fährst los, nicht wahr? Weder die Kenntnis der Adresse noch dein Auto allein bringen dich zum Ziel, erst die Kombination von beidem. Du musst wissen, wohin du willst. Denn sonst kannst du auch mit deinem superschnellen Flitzer nirgendwo ankommen, sondern bleibst einfach auf dem Parkplatz stehen – trotz vollem Tank. Zugleich nützt es dir auch nichts, die Zieladresse zu kennen, wenn du nicht losfährst. Du musst dich hinter das Lenkrad setzen und in die richtige Richtung steuern. Dann geht es los!

Ich verspreche dir: Je bewusster und planvoller du manifestierst, desto mehr wirst du in deine eigene Kraft kommen und dein Leben nach deinen eigenen Vorstellungen gestalten. Dies dient nicht nur deinem eigenen Wohl, sondern auch allen Menschen, denen du begegnest. Denn wenn du dein wahres Selbst erkennst und lebst, inspirierst du auch die anderen dazu!

Manifestation in der Praxis
DEINE VISION SCHRITT FÜR SCHRITT REALISIEREN

Praxisanleitung

Mindset: Beobachte aufmerksam, was du dir wünschst und warum. Konzentriere dich auf deine innere Sehnsucht, Bilder und Träume, auf die Wünsche deines Herzens. Wenn du diese noch nicht kennst, mach dir keine Sorgen, sie werden sich zeigen! Stelle dir einfach immer wieder innerlich die Frage und achte auf alle Gedanken, äußeren Eindrücke und Informationen, die sich daraufhin in deinem Leben offenbaren.

- *Welche Bilder und Visionen deiner Zukunft lassen dein Herz höher schlagen, was flüstert dir deine innere Stimme zu? Schreibe alles auf, am besten in einem eigens dafür angelegten Notizbuch.*

Mentale Grundlage schaffen: Jetzt geht es darum, deinen Manifestationswünschen eine klare Struktur zu verleihen. Mir persönlich hilft es zum Beispiel, meine Ziele in einem Text auszuformulieren, den ich mir immer wieder durchlese und der dafür sorgt, dass meine Vision bereits geistige Wirklichkeit ist. Denn durch dieses »Gerüst« wird es früher oder später auch in der physischen Welt sichtbar! Hilfreich sind auch Tagträume, Meditationen oder mentales Training, in denen du dich mit allen Sinnen deiner Vorstellung hingibst und deine Träume durchlebst, als wären sie bereits Realität.

- *Was siehst, hörst, fühlst du, wenn du dir deine Wünsche als bereits verwirklicht vorstellst?*

Je lebendiger und häufiger du deine Vision vor deinem inneren Auge aufblühen lässt, desto besser! Mache ein »innerliches Foto« von diesem Zustand, wie ein Polaroid, das alle dazugehörigen Eindrücke einfängt. Besonders effektiv wirkt dieser Eindruck, wenn du gleichzeitig einen so genannten Anker findest, eine kleine körperliche Geste, die du jederzeit ausführen kannst und die im Alltag ganz schnell deine angenehmen Assoziationen hervorzaubert.

Deine Visionen verstärken: Jetzt kannst du im Alltag einige Werkzeuge
nutzen, um die Manifestation deiner Wünsche zu bestärken und zu
beschleunigen.
Am bekanntesten ist wohl die Arbeit mit Affirmationen.

Affirmationen: Erstelle dir dafür einen klar und positiv formulierten
Satz, der dein erwünschtes Ergebnis in der Gegenwart auf den Punkt
bringt. Beispiele: »Ich habe mein Wunschgewicht von ... Kilo.«
»Ich lebe in einer glücklichen Beziehung mit einem optimal zu
mir passenden Partner.« »Ich lebe dankbar und erfolgreich meine
Berufung.« Sag dir täglich innerlich oder wenn du magst auch laut
deine Affirmationen auf: wenn du aufwachst, wenn du auf den Bus
wartest, in der Mittagspause, vor dem Einschlafen ... Schreib sie dir
auf, lies sie durch, male sie bunt vor deinem inneren Auge – deiner
Fantasie sind keine Grenzen gesetzt. Durch die Formulierung, die
suggeriert, dass der Zustand bereits in der Gegenwart besteht, wird

das Leben, das Resonanzgesetz und letztlich du selbst dafür sorgen, dass die tatsächliche Verwirklichung bald eintreten kann.

Vision-Board to go: Besonders praktisch ist es, die Bilder und Affirmationen zu deinen Visionen immer dabei zu haben. Schließlich bist du nicht den ganzen Tag zu Hause, und so kannst du dich während kleiner Pausen am Tag immer mal wieder mit deinen Träumen verbinden und gute Gefühle erzeugen. Besorg dir ein kleines Foto-Einsteckalbum und fülle es mit Bildern, Affirmationen und deinen Zielen. Druck dir deine Lieblingsaffirmationen so aus, dass sie ein Viertel einer A4-Seite einnehmen und in das Album passen. Voilà, hier ist dein Vision-Board to go! Du wirst es lieben, hineinzuschauen!

Zeitplan mit Zielen erstellen: Erstelle auf einem weiteren großen Bogen Papier einen ganz klaren Aktionsplan. Damit dabei am Ende keine überfrachtete To-do-Liste herauskommt, empfehle ich dir, die Schritte in deinem Aktionsplan wirklich aufs Wesentliche zu beschränken und dir klare und realistische Monatsziele zu setzen (zum Beispiel pro Monat drei Kilo abzunehmen, wenn du schlanker werden möchtest, oder 40 Seiten im Monat zu schreiben, wenn ein eigenes Buch dein Ziel ist). Notiere und gehe dann ganz konkret deine Handlungsschritte, die du erledigen musst, denn vom Himmel fällt die Verwirklichung deiner Wünsche natürlich nicht!

Eine Frau, die sich einen Partner wünschte, habe ich beispielsweise oft augenzwinkernd daran erinnert, dass ihr potenzieller Seelengefährte nicht plötzlich an ihrer Tür klingeln wird – sie muss ihm schon einen Schritt entgegenkommen und sich unter Leute begeben!

Schmücke deinen Aktionsplan gern mit Bildern, Fotos oder plane kleine Belohnungen für dich ein, wenn du ein Ziel auf deinem Weg bereits manifestiert hast. Hänge auch diesen Plan gut sichtbar in deiner Wohnung auf und halte ihn stets auf dem neuesten Stand.

Du wirst dich wundern, wie magisch und gleichzeitig wie normal es sich anfühlen wird, wenn deine Ziele mehr und mehr Realität werden. Du hast sie bewusst manifestiert!

> **Träumen und Visualisieren ist wunderbar, aber nur dann erfolgreich, wenn du ganz konkret ins Handeln kommst.**

Sei
OFFEN
für Synchronizitäten

Je mehr du dich für Freiheit und Erfüllung entscheidest, desto klarer wird eine Vision in dir entstehen. Eine Vorstellung, in welche Richtung deine Entwicklung gehen soll. Intuition wird wichtiger werden und unverhoffte Richtungsweiser können auftauchen.

Da du dich selbst und dein Herz fortan auf eine neue Art spürst und ernst nimmst, kann es durchaus passieren, dass dich deine Intuition in eine bestimmte Richtung zieht. Dir fallen Informationen auf, die dich auf eine spezielle Ausbildung hinweisen, die du gerne machen möchtest, oder auf einen Kurs, den du besuchen willst. Du lernst plötzlich neue Menschen kennen, und einer von ihnen erzählt dir etwas, was deine Aufmerksamkeit erregt. Manchmal fühlt sich das an wie:

»Das kann doch jetzt kein Zufall gewesen sein!«

Genau zum richtigen Zeitpunkt scheinen die richtigen Informationen und Menschen in dein Leben zu treten.

Deiner inneren Führung vertrauen

Solche Begebenheiten nennt man Synchronizitäten. Da du begonnen hast, mehr von innen heraus zu leben, unterstützt dich das Leben an allen Ecken und Kanten. Ein kraftvoller Strom führt dich immer mehr in die richtige Richtung. Vorher bist du vielleicht auf einem kleinen Bötchen mal hierhin, mal dorthin gepaddelt, aber jetzt endlich stehst du am Steuer einer großen, schönen Jacht und gleitest selbstbewusst auf der Strömung eines breiten Flusses dahin. Anders formuliert: Du vertraust mehr und mehr deiner inneren Führung, die dich schon dein ganzes Leben begleitet und stets das Beste für dich will. Es ist aber ziemlich normal, dass wir während des Aufwachsens und zu bestimmten Lebensphasen weniger auf sie hören. Das gehört auch zu unserem Weg, zu unserer Entwicklung – ist vielleicht sogar Teil des Plans! Der Autor James Redfield beschreibt in seiner Buchreihe »Die Prophezeiungen von Celestine« genau dieses Phänomen der Synchronizitäten. Wenn es jetzt beim Lesen »klick« bei dir macht und dein Interesse geweckt ist, haben wir direkt ein Beispiel dafür! Ich empfehle dir, gleich mit dem ersten Buch zu starten.

Synchronizitäten erkennen

Synchronizitäten sind Chancen und Zeichen deiner inneren Führung, die dir zeigen möchte, was du tun sollst. Sie sind gleichsam Wegweiser des Schicksals.

Es gibt verschiedene Anzeichen dafür, dass es sich bei bestimmten Begebenheiten im Alltag um Synchronizitäten handelt. Eine gute Voraussetzung, diese zu erkennen, ist, dich jeden Tag mit deinem Herzen zu verbinden und achtsam zu sein. Wenn du schon zehn oder zwanzig Minuten am Tag die Stille suchst und eine kleine Körperwahrnehmungsübung oder Meditation machst, wird dir das helfen und deine Sinne schärfen.

- Das deutlichste Merkmal, woran du eine Synchronizität erkennst, ist ein inneres »Aha-Gefühl« – als ob auf einmal ein Puzzleteil zu dir gebracht wird, das etwas in dir vervollständigt.

- Ein solcher Moment geht stets mit einer erhöhten Energie einher. Vielleicht spürst du plötzlich körperlich eine größere Leichtigkeit, bist auf einmal hellwach und präsent.

- Manche Menschen erkennen Synchronizitäten auch optisch. Wenn du zum Beispiel im Wald an einer Weggabelung stehst und nicht weißt, welche Abbiegung du nehmen sollst, kann es sein, dass du als visuell veranlagter Typ den einen Weg als heller, vielleicht sogar irgendwie funkelnder wahrnimmst. Solche Phänomene beschreibt James Redfield in den »Prophezeiungen von Celestine«.

Manchmal erkennt man Synchronizitäten auch erst im Nachhinein. Dann macht es »klick« und vielleicht denkst du: »Ich hatte Tomaten auf den Augen! Dass ich das nicht gleich erkannt habe!« Das macht aber meist nichts, denn Synchronizitäten wiederholen sich. Das Leben möchte dich stets liebevoll an die Hand nehmen, wenn du offen dafür bist.

»Höre auf
deine eigene Stimme,
DEINE EIGENE SEELE.
ZU VIELE MENSCHEN HÖREN AUF DEN LÄRM DER WELT
statt auf SICH SELBST.« Leon Brown

Die
PERSPEKTIVE
wechseln !

Auch, wenn wir auf dem in diesem Buch beschriebenen Weg immer mehr in Fluss kommen – manchmal geraten wir ins Stocken und alles scheint festgefahren zu sein. Bestimmt hast du es auch schon einmal erlebt, dass du in einer Situation einfach keine Lösung wusstest. Wie auch immer du es gedreht hast, irgendwie schien einfach nichts zu passen …

Wenn gar nichts mehr funktioniert, ist es das Beste, für einen Moment ganz loszulassen. Stell dir vor, jemand überfällt dich mit irgendeinem Anliegen und möchte dich ganz mit Beschlag belegen. Was würdest du tun? Vermutlich einfach ein paar Schritte zurücktreten und dich befreien.

Gleiches rate ich dir für dein Problem. Anstatt dir den Kopf zu zerbrechen, was dazu führen wird, dass du dich noch verstrickter fühlst, tritt ein paar Schritte zurück. Dann wechselt nämlich automatisch deine Perspektive!

Das hat gleich mehrere Vorteile: Zum einen wirst du dich sofort freier fühlen und einen klareren Kopf bekommen. Zum anderen kann dir dein neuer Blickwinkel Informationen vermitteln, die du in deiner vorherigen Position nicht wahrgenommen hast.

Mit der nächsten Übung kannst du das ganz praktisch ausprobieren.

»Die Lösung eines Problems beginnt meist
mit der Lösung vom Problem.«

Volkmar Abt

Perspektivwechsel leicht gemacht
BEFRAGE DEINE INNERE WEISHEIT

Praxisanleitung

Folgende Übung ist wirklich überaus praktisch, um innere Klarheit zu gewinnen. Du kannst sie allein machen oder mit einer guten Freundin oder einem Coach.

- Stell zwei Stühle einander gegenüber. Nimm Platz auf dem ersten. Dieser repräsentiert deine jetzige Situation. Fühle mit allen Sinnen, wie es dir dort ergeht und welche Fragen sich auftun, auf die du gern eine Antwort wüsstest. Dann steh auf und schüttele dich kurz.

- Der andere Stuhl steht für dein weises und intuitives Ich, das die Lösung zu deiner Situation schon längst genau kennt. Es ist der Teil deiner Selbst, der mit einer größeren, universellen Wahrheit verbunden ist. Nimm Platz auf diesem Stuhl oder »Thron«, denn diese Bezeichnung wird seiner Qualität eher gerecht. Wenn du sensibel bist, wirst du vielleicht unmittelbar leichte Veränderungen in deiner Haltung, deiner Mimik und deinem gesamten Körperempfinden spüren. Sammle dich und betrachte den anderen Stuhl, auf dem du vorhin noch mit zahlreichen Fragezeichen und Unsicherheiten gesessen hast.

- Während dir auf diesem »Zauberstuhl«, auf dem du dich jetzt befindest, zahlreiche Informationen zufließen dürften, frage dich: Was würdest du dir von deinem jetzigen, umfassenderen Standpunkt aus raten? Was brauchst du, was sagt deine Intuition, deine höhere Weisheit? Sie ist der allerbeste Ratgeber überhaupt, besser als alle äußeren Coaches und Berater.

- Notiere alle Erkenntnisse, die du in deiner neuen Perspektive gewinnst. Du kannst auf diese Weise auch dein Herz befragen, dein inneres Kind oder dein zukünftiges Ich.

Letzteres ist hilfreich, wenn eine größere Entscheidung ansteht. Falls du beispielsweise wissen möchtest, ob du wirklich heiraten oder einen bestimmten Job annehmen sollst, kannst du dein zukünftiges Ich auf dem Stuhl platzieren und befragen.

> Wiederhole die Übung, wann immer du möchtest; sie ist genial einfach und praktisch überall und jederzeit durchführbar.

Dein größter
SCHATZ
in deinem tiefsten Schmerz

Es ist eine faszinierende Gesetzmäßigkeit des Lebens, dass es uns immer wieder Aufgaben stellt, um persönlich zu wachsen. Keiner kommt drumherum! Zum Glück, denn interessanterweise entwickeln wir uns am meisten durch schwierige, oft auch schmerzhafte Ereignisse und Zeiten.

Wir befinden uns praktisch in einer Schule der Polaritäten. Durch Alleinsein lernen wir Gemeinsamkeit zu schätzen. Durch Angst lernen wir Vertrauen kennen. Durch Mangel können wir in die Erfahrung von Fülle kommen. Unser Schatten führt uns zu unserem Licht.

Das, was wir am meisten verteufeln, was uns persönlich am meisten herausfordert, bildet gleichzeitig den Ausgangspunkt für den Weg zum größten Glück und unserer Aufgabe in der Welt. Wenn wir den Zeichen folgen, entpuppt sich unser tiefster Schmerz oft als unser größter Schatz. Das zeigt auch das folgende Beispiel einer Freundin.

Tanja wuchs als Mädchen gemeinsam mit ihrem jüngeren Bruder bei ihren Eltern auf.

Während sie sich mit ihrer Mutter gut verstand, schenkte ihr Vater ihr praktisch keine Beachtung und bevorzugte eindeutig ihren Bruder. Er machte keinen Hehl daraus, dass er wenig Wertschätzung für Frauen hatte, worunter Tanja und ihre Mutter oft litten. Als junge Frau machte Tanja eine Ausbildung in einem großen Unternehmen, von dem sie später übernommen wurde und für das sie sich in den folgenden Jahren beruflich sehr engagierte. Während jedoch ihre männlichen Kollegen, die mit ihr zusammen die Ausbildung begonnen hatten, zügig die Karriereleiter erklommen, blieb Tanja aus irgendeinem Grund wieder unbeachtet. Ihr alter Schmerz, als Mädchen nicht gesehen und übergangen zu werden, während männliche Zeitgenossen grundlos bevorzugt wurden, erwachte erneut. Gespräche mit ihren Vorgesetzten blieben wirkungslos, und Tanja fiel in ein tiefes Loch. Sie begann eine Therapie. In deren Verlauf erkannte sie, wie sich das Thema Nichtbeachtung von männlicher Seite wie ein roter Faden durch ihr Leben zog, und durch die Unterstützung ihrer Therapeutin stellte sie sich Schritt für Schritt ihrem alten Schmerz. Nach einiger Zeit und vielen Tränen gesellte sich zu dem Schmerz aber ein neues, bislang unvertrautes Gefühl: eine kraftvolle Wut! So kannte sich Tanja gar nicht, aber auf einmal war da aufgrund der erfahrenen Ungerechtigkeit so viel Kraft und Veränderungswille in ihr, dass sie beschloss, es nun allen zu zeigen. Sie schloss sich zunächst privat einer Gruppe an, die sich für die Rechte von Frauen engagierte, und begann kurze Zeit später, sich in ihrem Unternehmen für die Gender Equality einzusetzen. Mittlerweile ist sie Gleichstellungsbeauftragte in ihrem Konzern und kompetente Ansprechpartnerin für Frauen, die sich in ähnlichen Situationen befinden wie sie selbst damals. Sie lebt ihre Berufung.

Dein »Kernthema« finden

Was ist dein Kernthema? Jeder Mensch hat so etwas wie ein zentrales Lebensthema, das sich oft schon in jungen Jahren bildet. Bei dem einen ist es eine bestimmte Angst, bei dem anderen eine einzelne, aber sehr prägende Erfahrung, beim Dritten vielleicht ein Symptom oder sogar eine Krankheit.

Die vier Schritte der Transformation

Aufwachen: Du beginnst zu hinterfragen, warum dir ein bestimmtes Thema immer wieder begegnet. Möglicherweise empfindest du auch einen gewissen Leidensdruck und ergreifst deshalb die Initiative, tiefer in dir selbst zu forschen.

Gefühle bejahen: Du stellst dich deinen alten Gefühlen, die in deinem Kernthema verborgen sind und die sich deine Annahme wünschen. Spüre deinen Schmerz, deine Wut, deine Angst, denn dann werden sie sich wandeln und dir den Weg weisen zu etwas Neuem, Größeren.

Deiner Intuition folgen: Je gründlicher du dich deinen Gefühlen gestellt hast, desto mehr kann ein Gefühl von Selbstliebe in dir wachsen. Außerdem wird sich deine innere Stimme wieder klarer und häufiger bei dir melden. Sie wird dir Ideen eingeben, was du nun Neues schaffen kannst, und du wirst das Bedürfnis verspüren, diese umzusetzen. Nur zu – dein Schatz möchte sich entfalten.

Die Welt bereichern: Du beginnst, dich auf eine neue Art ins Leben einzubringen – durch deine Talente und bereichert durch deine persönlichen Erfahrungen. Vielleicht hilfst du Menschen oder der Umwelt, setzt dich politisch für ein bestimmtes Thema ein oder begeisterst andere durch deine Kreativität. Gleichzeitig wächst du selbst dadurch immer weiter. Du folgst deinem inneren Bedürfnis, diese Aufgabe zu erfüllen, und erlebst dadurch ein tiefes Gefühl persönlicher Erfüllung und Bestätigung.

Die Auswirkungen dieses Schmerzes führen bei vielen Menschen dazu, dass früher oder später die Suche beginnt. Durch intensive Beschäftigung mit dem, was anfänglich meist als Problem wahrgenommen wird, durch genaues Hinschauen, Integrieren und Reifen kann es mit der Zeit mehr und mehr gelingen, den Segen und die Lehre in dieser Aufgabe zu erkennen.

Die wahre Lebensaufgabe, die genau in dieser schwierigen Erfahrung begründet ist, kann sich entfalten.

Du kannst sie nun erfüllen, weil du durch deinen individuellen Weg genau das gelernt hast und immer weiter lernst, was dafür notwendig ist. Weil du durch deine Erfahrungen dein Wissen verkörperst, wirst du richtig gut darin sein – so ging es auch Tom.

Tom stotterte als Junge. Er erlebte am eigenen Leib, was es bedeutet, von Angst und Unsicherheit überwältigt zu werden, besonders in größeren Gruppen von Menschen. Es war ihm unangenehm, im Mittelpunkt zu stehen oder,

> »Unsere größten Ängste sind die Drachen, die unsere tiefsten Schätze bewahren.«
> **Rainer Maria Rilke**

noch schlimmer, vor vielen Menschen zu sprechen. Doch irgendwie forderte das Leben ihn genau dazu heraus. Er begann, sich mit seinen Ängsten und allen damit verbundenen Gefühlen auseinanderzusetzen. Er brachte viel Mut und Initiative auf und gründete eine Gruppe, in der freies Reden geübt wurde. Er machte über die Jahre gute Fortschritte und bringt nun anderen Menschen bei, wie sie Selbstvertrauen und innere Sicherheit finden können. Durch seine eigene gelebte Erfahrung ist er heute ein unglaublich guter und einfühlsamer Lehrer.

Deine seelische Hausaufgabe

Genau wie die Natur ihren Rhythmus hat, möchte auch dein Kernthema in dir reifen. Persönliches Wachstum hört nie auf und dein Kernthema ist so etwas wie die seelische Hausaufgabe in diesem Leben. Du wirst ihr im Laufe der Jahre immer wieder begegnen und die darin verborgenen tieferen Schichten und Potentiale entdecken.

Bejahender und verantwortlicher Umgang mit deinem tiefsten Schmerz machen ihn zu deinem größten Schatz. Vertraue, fühle und handle in diesem Sinne, dann wird daraus etwas ganz Wunderbares wachsen!

Diene der
WELT
und dem Leben

Dem Leben zu dienen ist nicht nur ein sicherer Weg zu Freude und Erfüllung, sondern der Schlüssel zu fast allen Problemen. Du hast wie jeder Mensch besondere Fähigkeiten, mit denen du der Welt dienen und deinen ganz individuellen Beitrag leisten kannst. Deine Intuition, deine persönliche Geschichte und dein inneres Bedürfnis führen dich auf den richtigen Weg.

Vielleicht denkst du, dass »Dienen« doch irgendwie altmodisch klingt. Dann ersetze es einfach durch »Geben«. Es geht darum, mit Freude und offenem Herzen der Welt dein Bestes zu geben – dann wird sie dir ihr Bestes zurückschicken!

Dem Leben zu dienen ist eine sehr erfüllende Grundhaltung. Sie bedeutet, mit dem Fluss des Lebens zu schwimmen, anstatt dich ihm zu entziehen. Es hat etwas Demütiges zu erkennen, dass du wie jeder andere Mensch Teil von etwas Größerem bist, und in diesem Wissen deine ganz persönliche Aufgabe zu begreifen und dieser zu folgen.

Stell dir eine große, beeindruckende und perfekt funktionierende Maschinerie vor, in der es verschiedenste Zahnräder, Hebel und Knöpfe gibt. Jedes Rädchen ist einzigartig und kostbar, denn erst durch sein Wirken funktioniert das große Ganze. Kein noch so kleines Teil ist jemals durch ein anderes zu ersetzen. Jedes Zahnrad hat aber die Möglichkeit, sich freudig zu drehen, andere anzustoßen und dadurch einen Zauber zu wecken.

Dienen, um in Fluss zu kommen

Wenn du persönlich gerade eine schwierige Zeit durchmachst und deine Energie ins Stocken geraten ist, hilft dir der Fokus auf die Frage: Wie kann ich dienen? Sei es durch etwas Kreatives, eine kleine ehrenamtliche Tätigkeit oder irgendetwas, was dir selbst und anderen Freude macht, wie beispielsweise Kochen für deine Freunde. Dadurch kommt automatisch wieder positive Energie in dein Leben, denn du übernimmst Verantwortung.

Geben im Alltag

Auch im Alltag kann Geben richtig Spaß machen. Du kannst so viel Nichtmaterielles

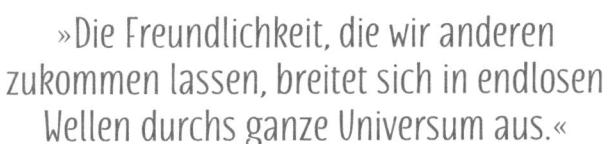

> »Die Freundlichkeit, die wir anderen
> zukommen lassen, breitet sich in endlosen
> Wellen durchs ganze Universum aus.«
> Calvin Malone

schenken, worüber sich andere Menschen freuen: deine Aufmerksamkeit, deine Zeit, deine Wertschätzung … Selbst wenn du in den Supermarkt gehst, kannst du der Kassiererin dein Lächeln schenken. Oder dem alten Herrn auf deiner Etage helfen, seinen Wasserkasten nach oben zu tragen.

Dienen durch deine Berufung

Unsere persönliche Geschichte, oft auch unser größter Schmerz leitet uns zu unserer Lebensaufgabe. Wenn wir unsere Berufung leben, geht es darum, einem höheren Zweck zu dienen. Unser Tun befindet sich immer mehr im Einklang mit unserem Innern und unseren Talenten. Wir versuchen nicht mehr, uns äußeren Bedingungen anzupassen, sondern gestalten unsere äußere Wirklichkeit nach unserer inneren Wahrheit, die nach Ausdruck verlangt. Wild und frei und wunderbar. Das bedeutet übrigens nicht, nie mehr angestellt zu arbeiten, auch wenn viele Menschen schöne eigene Projekte ins Leben rufen. Die Hauptsache dabei ist, dass dein Tun von einem Gefühl von Sinn und Leichtigkeit durchdrungen ist. Wenn dein Herz dabei lacht, bist du auf dem richtigen Weg. Du wirst Freude empfinden und es lieben, auf diese Art zu dienen.

Man hat untersucht, welche Menschen nach einer schweren Erkrankung bei gleicher Medikation wieder gesund wurden – und welche nicht. Das Ergebnis: Diejenigen, die trotz der schweren Zeit eine neue Aufgabe gefunden hatten, die sie mit einem Gefühl von Sinn erfüllte, gesundeten sogar von Krebs im fortgeschrittenen Stadium.

Stell dir vor, wie du anderen Menschen durch dein Handeln helfen kannst. Wenn du es nicht tust, entgeht womöglich vielen Menschen eine Chance. Die Welt braucht dich – carpe diem!

Auf etwas
BESSERES
vertrauen

Zum Leben gehören auch Rückschläge. Vermeintliche Misserfolge, Trennungen oder Kündigungen fühlen sich im ersten Moment alles andere als schön an – allerdings kann genau dadurch etwas Neues, möglicherweise viel Besseres entstehen. Wenn sich eine Tür schließt, geht bald darauf eine andere auf!

Bestimmt hast du auch schon so eine Situation erlebt, in der du dich erst einmal niedergeschmettert gefühlt hast, traurig und verletzt. Du hast dich gefragt: *Was soll das, warum musste das passieren? Habe ich das verdient?* Oder auch: *Ich habe auf der ganzen Linie versagt! Was jetzt?*

Lauf nicht vor deinen Gefühlen weg

Ich empfehle dir, dich der Situation hundertprozentig zu stellen. Spüre deine Gefühle, laufe nicht vor ihnen weg. Übernimm Verantwortung für deine Position, denn dadurch bleibst du in Kontakt mit deiner Würde und Kraft und wirst nicht zum Opfer. Dies alles ermöglicht dir, bewusst und zügig durch die Zeit des Rückschlags zu gelangen. Das ist nicht einfach und tut manchmal wirklich weh, aber gehört einfach zum Leben und lässt dich seelisch wachsen.
Als Belohnung kann dann bald etwas Neues, Besseres

in dein Leben treten. Damit du dies erkennst, gilt es wach und aufmerksam durch deinen Alltag zu gehen und die Augen einfach offen zu halten. Du brauchst nichts »machen« und dich anstrengen. Glaub mir – das Leben wird auf dich zukommen!
Den Segen eines vermeintlichen Scheiterns kannst du oft erst später erkennen. Wenn du zum Beispiel lange in deiner Beziehung unglücklich warst und das Gefühl hattest, dein Partner war nie genug für dich da, dann schickt das Leben dir durch ein Verlassenwerden durch deinen Partner die Aufforderung, dich endlich besser um dich selbst zu kümmern. Dadurch wirst du in deiner nächsten Beziehung glücklicher sein und mehr Austausch auf Augenhöhe erleben können.
Gleiches gilt für eine Kündigung, die dir zeigt, dass beruflich etwas anderes auf dich wartet. Das kann einfach ein angenehmeres Arbeitsumfeld mit netteren Kollegen sein oder auch eine neue Aufgabe, die deinen Talenten und deiner Berufung mehr entspricht.

> Das Leben besteht aus Entwicklung und Veränderung und es möchte dich führen.

Es kommt immer besser!

Lass dir diese neue Haltung »*Es kommt immer besser*« in Fleisch und Blut übergehen. Vielleicht bist du noch etwas skeptisch und zweifelst? Dann ist es sinnvoll, dein bisheriges Leben unter dieser Perspektive zu beleuchten.

> »Jede Widrigkeit trägt den Keim eines
> Erfolgs in sich!«
>
> Napoleon Hill

Schreib auf, welche Situationen oder Veränderungen in deinem Leben sich erst einmal unangenehm angefühlt haben. Mach dir Stichworte dazu und notiere im Anschluss, was danach passierte. Vielleicht entdeckst du eine Art roten Faden, das Gefühl, dass »das Leben dich woanders haben wollte«. Möglicherweise fällt dir auf, dass bestimmte Dinge nur geschehen konnten, weil vorher ein vermeintlicher Rückschlag stattgefunden hat, der praktisch den Weg freigeräumt hat für eine positive Veränderung.

Wenn du solche Zusammenhänge noch nicht erkennst, kann es sein, dass du dir deiner inneren Führung noch gar nicht bewusst bist. Dein Vertrauen in das Leben darf wachsen! Vielleicht siehst du dich selbst noch als Opfer der Umstände und anderer Menschen. Das hat nur vermeintlich einen Vorteil – nämlich keine Verantwortung zu übernehmen – und du trittst dadurch unnötig auf der Stelle. Sei gewiss: Du hast viel mehr Kraft und Potenzial, als du denkst! Sage dir besonders in Phasen der Veränderung täglich: »Das Leben hat etwas Neues und Besseres für mich geplant«. Durch das Gesetz der Resonanz wird es dadurch möglich, dass du die Chancen, die sich täglich bieten, auch erkennst und ergreifen kannst.

Deine
FREUDE
teilen

Wenn du beginnst, immer freier und wahrhaftig von innen heraus zu leben, schaffst du Platz für eine ganz neue Qualität von Freude. Ein starkes Gefühl von Einklang mit dir und dem Moment beginnt in dir zu wachsen, weil du sozusagen immer mehr in deine eigene Spur kommst. Diese Lebensfreude und dieses Gefühl von Übereinstimmung gehen einher mit einem tiefen Empfinden von Dankbarkeit und Sinn.

Vielleicht hast du manchmal das Gefühl, dass das Glück in dir übersprudeln möchte. Dein Herz dehnt sich aus vor Freude und dein eigenes System kann so viel Energie gar nicht halten. Wunderbar, lass sie übersprudeln, die Freude! Wenn du strahlst, weil du authentisch deinen Weg gehst, inspirierst du andere dazu, das Gleiche zu tun. Außerdem gibt es noch einen Grund dafür, deine Freude zu teilen: Geteilte Freude schafft doppelte Freude! Liebe und Freude sind nämlich das Einzige, was mehr wird, wenn du sie verschenkst. Ist das nicht wunderbar?

Wenn wir etwas Schönes erleben, entsteht oft ganz automatisch der Wunsch in uns, andere an diesem Moment teilhaben zu lassen, sei es der Partner, die Familie oder die besten Freunde. Gemeinsames Glück zu erleben schweißt zusammen und verbindet. Mehr als das: Geteilte Freude hat etwas Schöpferisches – etwas Neues kann entstehen. Nicht selten sind diese kostbaren Glücksmomente die Geburtsstunde einer brillanten Idee, eines gemeinsamen Weges oder der Beginn einer Schwangerschaft.

Wer weiß, was dabei auf einer spirituellen Ebene passieren mag? Diese Augenblicke erwecken den Anschein, als ob sie kurzzeitig die Tür zu einer unsichtbaren Welt eröffnen, die wir im Alltag oft vergessen, die aber in jedem von uns existiert.

Schmerz als Tor zur Freude

Vielleicht ist dir Freude aber auch noch ein ungewohntes Gefühl und du traust dich noch gar nicht so recht, es voll und ganz zu fühlen. Keine Sorge, damit bist du nicht allein. Wenn Menschen am Anfang ihres Lebens schwierigen Erfahrungen ausgesetzt waren, kann sich echte und von Herzen kommende Freude tatsächlich wie Neuland anfühlen. Als ob es diesen Modus in deinem System gar nicht gäbe! Aber ich habe eine gute Nachricht für dich:

Dein Schmerz ist kein Hindernis, sondern ein Tor zur Freude.

Allerdings möchte er gefühlt werden und braucht dein liebevolles Bewusstsein, um zu heilen. Das benötigt manchmal einfach Zeit. Dann wirst du nach einer dunklen Nacht den darauffolgenden Tag als umso heller und strahlender erleben. Wieder gilt die obige Formel, nur umgekehrt: Geteiltes Leid ist halbes Leid. Nicht nur Freude, auch Schmerz mit anderen Menschen zu teilen schafft Verbindung.

Wo kannst du Freude teilen?

Du kommst automatisch in die Freude, wenn du tust, was du liebst, und damit der Welt dienst. Ich schlage dir vor, regelmäßig etwas zu schenken, was anderen nutzt und dich selbst erfreut. Wenn du zum Beispiel gerne singst, veranstalte mal einen Gratis-Workshop für Mädchen, die sich das sonst nicht leisten können. Wenn du gerne schreibst, beginne einen Blog und unterhalte damit andere Menschen. Du freust dich und teilst deine Begeisterung, und gleichzeitig hilfst du anderen Menschen dadurch. Das Universum registriert dein Tun und wird dich reichlich belohnen, vielleicht auf eine ganz andere Art.

Einen Teil deines Könnens mit Freude dem Leben zu schenken ist gleichsam ein spirituelles Ehrenamt. Wenn in der Bibel steht, du sollst deinen Zehnten geben, ist genau das damit gemeint. Dabei wirkt diese Wahrheit völlig unabhängig von Religion oder Glaube.

Werde zum
MAGNETEN
für Fülle

Viele Menschen wünschen sich materiellen Wohlstand, weil sie glauben, dass dieser sie glücklich machen würde. Natürlich schenkt Geld auch eine gewisse Sicherheit und eröffnet neue Möglichkeiten. Aber es ist nur ein Aspekt der Fülle, die uns umgibt, eine Art persönlicher Spiegel. Wenn Geld allein glücklich machen würde, wären alle Reichen dieser Welt glücklich – wir wissen, dass das nicht der Fall ist. Es geht also um weitaus mehr, und die Antwort liegt wie so oft im Innern.

Es ist wichtig zu verstehen, dass es die innere Haltung ist, die es erst möglich macht, offen für die überall vorhandene Fülle in unserem Leben zu werden und diese genießen zu können. Durch das Gesetz der Anziehung gehen wir in Resonanz mit dem, was wir von innen heraus ausstrahlen.

Sind wir unsicher und tragen alte ungeheilte Wunden in uns – das Programm »Ich habe nichts Besseres verdient. Ich kenne meinen eigenen Wert nicht« –, so wird uns genau das vom Leben in Form von finanziellem Mangel oder sogar Schulden gespiegelt. Dabei meint das Universum es stets gut mit uns und möchte uns eigentlich geben, was wir uns wünschen, aber es hat kaum die Möglichkeit dazu, denn das alte Programm hält praktisch die Fülle auf Abstand!

Sind wir uns hingegen unseres wahren Wertes aus tiefstem Herzen bewusst, kann uns das Leben auch das zurückspiegeln. Wenn wir jeden Tag freudig der Welt unser Bestes geben und Gleiches genauso dankbar annehmen können, werden wir zu einem Magneten für Fülle und die wunderbaren Geschenke des Lebens.

Nun, wo unsere gemeinsame Reise durch dieses Buch langsam zu Ende geht, möchte ich die Kerngedanken zur Fülle noch einmal zusammenfassen.

Fokus auf Wertschätzung

Übe dich jeden Tag darin, dir bewusst zu machen, wofür du alles dankbar bist, was das Leben dir schenkt. Das Vogelgezwitscher am Morgen, den Cappuccino am Nachmittag, deinen Partner, deinen Job. Wenn du jeden Abend in einem kleinen Ritual all dies wertschätzt, wirst du nach kurzer Zeit schon merken, dass sich deine Wahrnehmung verändert und du offener wirst für die ganze Fülle, die dich umgibt.

Emotionale Heilung

Widme dich liebevoll deinen abgelehnten Gefühlen. Sie sind in Wahrheit der Schlüssel, um in Fluss zu kommen und Fülle in dein Leben einzuladen. Fühle mit deinem ganzen Körper, atme tief und sage Ja zu allem, was in dir ist. Hole alle »Dämonen« aus dem Keller ans Licht – deine Traurigkeit, dein Schmerz und deine Angst, und sorge achtsam für sie wie für deine Kinder. Dann werden sie sich wandeln und du wirst auch die Fülle deiner positiven Gefühle viel mehr zu schätzen wissen! Ist der »emotionale Schleier« erst mal gelüftet, wird dein Herz dir die nächsten Schritte zu wahrem Reichtum zeigen.

Lerne anzunehmen

Herzmenschen – und ich gehe davon aus, dass du einer bist, wenn du dieses Buch liest – sind oft viel, viel besser im Geben als im Annehmen.

Ein altes Programm sagt: »Ich muss anderen geben, das kenne ich. Annehmen ist mir nicht so vertraut.« Wenn dir also demnächst jemand ein Kompliment macht, dich zum Essen einlädt oder dir ein schönes Geschenk überreicht, nimm es einfach dankbar an. Sage nicht Sätze, die dein Annehmen relativieren, wie: »Das wär doch nicht nötig gewesen«. Da möchte dir jemand seine Wertschätzung zeigen und du darfst dich auch selbst so viel wertschätzen, diese anzunehmen!

Gib der Welt dein Bestes

Richte deinen Fokus darauf, was du der Welt geben kannst – beruflich, zwischenmenschlich, eigentlich in jeder Hinsicht. Wenn du dich entscheidest, der Welt dein Bestes zu geben, erfährst du Unterstützung auf allen Ebenen. Dabei ist es völlig egal, wo du momentan stehst, wichtig ist dein klarer Entschluss und dein darauf folgendes Handeln. Jeder Mensch kann auf eine einzigartige Weise die Welt bereichern und du musst dich nur bereit erklären, diese Aufgabe zu erfüllen. Der Rest kommt fast von selbst.

Ich wünsche dir Vertrauen, Mut und einen großen Schwung positiver Energie auf dem Weg in ein Leben, das sich wild und frei und wunderbar anfühlt. Folge der Freude und Wahrheit deines Herzens und nimm dir täglich ein paar Minuten Zeit, um diese zu spüren. Sei es dir wert – dann wird sich automatisch nach und nach das aus deinem Leben verabschieden, was deiner Seele nicht entspricht, und all das manifestieren, was zur besten Version deines Lebens beiträgt. Jeder Tag ist wertvoll – und du hast das Beste verdient!

Herzlichst deine *Stefanie Carla Schäfer*

»In zwanzig Jahren wirst du die Dinge,
die du *nicht* GETAN HAST, mehr bedauern
als deine Taten.
Also *mach die Leinen los*, verlasse den sicheren Hafen.
Fang den Wind in deinen Segeln,
erforsche, träume, entdecke.«

Mark Twain

Danksagung

Ich möchte folgenden besonderen Menschen danken, die mich unterstützt und dazu beigetragen haben, dass dieses Buch entstehen konnte. Ganz besonderen Dank an Heike Mayer vom Scorpio Verlag und ihre stets einfühlsame, fachkundige und kluge Begleitung. Dem ganzen Scorpio Verlag möchte ich von Herzen für die Möglichkeit danken, dieses Buch in die Welt zu bringen – und der Grafikerin Friederike Niemeyer dafür, dass es so schön geworden ist!

Ein großes Dankeschön meinem besten Freund Rolf. Du bist nicht nur der beste Freund, den man sich vorstellen kann, sondern auch ein lebendes Beispiel für eine wilde, freie und wunderbare Seele. Es ist so schön, dass es dich gibt.

Meinen Dank aussprechen möchte ich auch meinen Eltern, meiner Familie und meinen Freunden für ihre Unterstützung. Ihr seid meine Wurzeln und ich bin dankbar für den Halt und die Freiheit, die ihr mir schenkt.

Auch meiner Oma Erika sage ich aus tiefstem Herzen Danke. Du warst die beste Oma der Welt. Selbst wenn ich nicht genau weiß, wo du jetzt bist, bin ich sicher, dass du dich über dieses Buch freust.

Letztlich ein riesiges Dankeschön an alle mutigen Menschen, die ihr Herz öffnen und ihrer Sehnsucht folgen, um wild und frei und wunderbar zu leben. Jeder auf seine Art. Alle, die mir schon begegnet und deren Beispiele in diesem Buch beschrieben sind, und alle, die gerade damit beginnen. Ihr seid auf dem richtigen Weg.

Über die Autorin

STEFANIE CARLA SCHÄFER ist Sportwissen-
schaftlerin, Somatic-Experiencing Practitioner
und in Köln therapeutisch tätig. Nachdem sie
im Bereich von Prävention und Rehabilitation
oft beobachtet hat, wie positiv Sport und Bewegung das äußere und innere Wohlbefinden
beeinflussen, spielt in ihrer Arbeit das körperliche und emotionale Wohlbefinden genauso
eine Rolle wie die seelische Suche nach Wahrheit und Erfüllung.
Es ist ihr Herzensanliegen, Menschen auf dem
Weg zu ihrer Lebendigkeit, inneren Kraft und
Verbundenheit zu unterstützen. Ihr erstes Buch
»Selbstliebe macht stark: So schließen Sie
Freundschaft mit sich selbst« erschien 2016 im

Scorpio Verlag und fand viele begeisterte
Leserinnen und Leser.
Workshops, Blog und mehr unter
www.cardea-training.de

Literaturverweise und Inspiration

Bäuerle, Roland: Körpertypen. Vom Typentrauma zum
   Traumtypen. Simon & Leutner Verlag, Berlin
   1988
Chopich, Erika J. und Paul, Magret: Aussöhnung mit
   dem inneren Kind. Ullstein, Berlin 2009
Ford, Debbie: Schattenarbeit: Wachstum durch die
   Integration unserer dunklen Seite. Goldmann,
   München 2011
Furtmeier, Karin und Mayer, Heike: Now! Gelassen
   leben im Hier und Jetzt: Achtsamkeit, Yoga, Vertrauen
   ins Leben. Scorpio, München 2016
Gawain, Shakti und King, Laurel: Leben im Licht.
   Heyne, München 2000
Hay, Louise: Ist das Leben nicht wunderbar! Allegria/
   Ullstein, Berlin 2014
Hicks, Esther und Hicks, Jerry: The Law of Attrac-
   tion. Das kosmische Gesetz hinter The Secret. Ullstein,
   Berlin 2008

Levine, Peter A. Vom Trauma befreien. Wie Sie seelische
   und körperliche Blockaden lösen. Kösel, München
   2007
Lowen, Alexander. Bioenergetik. Therapie der Seele
   durch Arbeit mit dem Körper. Rowohlt, Reinbek
   2008
Schache, Rüdiger: Herzverstand. Mit den 4 Schlüssel-
   fragen zu unserem größten Potential. Arkana,
   München 2015
Schäfer, Stefanie Carla: Selbstliebe macht stark.
   So schließen Sie Freundschaft mit sich selbst. Scorpio,
   München 2016
Virtue, Doreen: Dein Leben im Licht: Heilung durch
   Selbsterkenntnis. Allegria/Ullstein, Berlin 2004
Ware, Bronnie: 5 Dinge, die Sterbende am meisten
   bereuen: Einsichten, die Ihr Leben verändern werden.
   Goldmann, München 2015

Quellenhinweise

Inspiration für mehrere der in diesem Werk abgedruckten Zitate gab das wunderbare Buch von Mike Medaglia: *One Year Wiser. 365 Illustrated Meditations*, London: Self Made Hero 2015 (S. 119, 123, 139, 147, jeweils aus dem Englischen übersetzt von Heike Mayer). In manchen Fällen ist es leider nicht gelungen, die ursprüngliche Fundstelle des Zitats ausfindig zu machen. Der Verlag bitte ggf. um eine Nachricht, damit bei einer Nachauflage eine korrekte Quellenangabe erfolgen kann.

Bildnachweis

S. 5: manun/Photocase; S. 8: Patty1971/Photocase; S. 11: behrchen/Photocase; S. 13: greycoast/Photocase; S. 18: musaca/Photocase; S. 21: helixgames/Photocase; S. 25: CL./Photocase; S. 27: southnorthernlights/Photocase; S. 37: southnorthernlights/Photocase; S. 38: mophoto/Photocase; S. 45: Sphotography/Photocase; S. 48: Mr. Nico/Photocase; S. 52: REHvolution/Photocase; S. 55: macrovektor/Fotolia; S. 56: criene/Photocase; S. 61: SilasBaisch/Photocase; S. 64: den dada/Photocase; S. 68: AntonRussia/Photocase; S. 72: Bene A/Photocase; S. 75: Jaromir Chalabala/Shutterstock; S. 81: pollography/Photocase; S. 86: criene/Photocase; S.89: jdirmeitis/Photocase; S. 91: misterQM/Photocase; S. 95: pip/Photocase; S. 96: PCK-Photography/Photocase; S. 100: neguan/Photocase; S. 103: Susan Schmitz/Shutterstock; S. 107: axelbueckert/Photocase; S. 112: antifalten/Photocase; S. 115: andreas mang/Photocase; S. 119: info@heliosfilm.de/Photocase; S. 120: Gabi-Pott/Photocase; S. 125: m.o.ruehle/Photocase; S. 127: kemai/Photocase; S. 128: Collage Friederike Niemeyer unter Verwendung von undrey/Shutterstock (Landkarte), cristina conti/Fotolia (Foto links oben) sowie Fotos und Vektorgrafiken von Freepiks und Privatfotos; S. 133: criene/Photocase; S. 135: patthamapong/Shutterstock; S. 139: der Projektor/Photocase; S. 145: oxygen2608/Photocase; S. 149: deyangeorgiev/Photocase; S. 151: seite14/Photocase; S. 154: Protasov AN/Shutterstock; S. 156: dotmatchbox/Photocase; S. S. 157: privat

© 2017 Scorpio Verlag GmbH & Co. KG, München
Umschlaggestaltung: Favoritbuero, München
Umschlagmotiv: Thomas Barwick/Getty Images
Fotos im Innenteil: siehe Bildnachweis oben
Ornamente: Fotolia und Freepiks
Layout, Handlettering und Satz: Friederike Niemeyer, Hamburg
Projektleitung, Lektorat und Bildredaktion: Heike Mayer
Druck und Bindung: Print Consult GmbH, München
ISBN 978-3-95803-115-9

Wann, wenn nicht jetzt!?

NOW! Das sind die Inspirationsbücher mit der Extraportion Energie und Lebensfreude. Gewinne Selbstvertrauen, Zuversicht und gelassene Stärke angesichts der Stürme unserer Zeit.

Du kannst jetzt anfangen. Now!

ISBN 978-3-95803-068-8

ISBN 978-3-95803-092-3

Leichter leben: Inspiration zu einem neuen Lebensgefühl

BARBARA BERCKHAN

GENUG geschuftet!
Wie Sie weniger tun und mehr erreichen

ISBN 978-3-95803-042-8

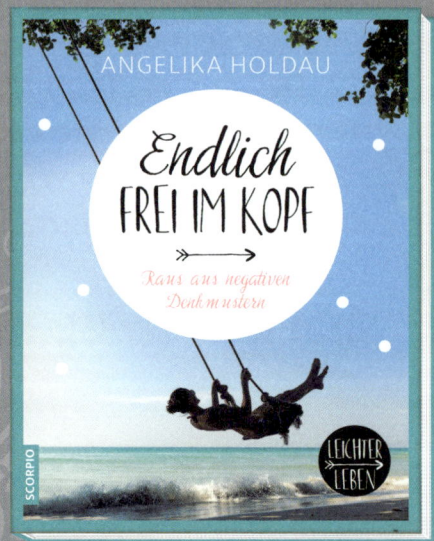

ANGELIKA HOLDAU

Endlich FREI IM KOPF
Raus aus negativen Denkmustern

ISBN 978-3-95803-078-7

HEIKE MAYER

DAS seh ICH ENTSPANNT
Wie Sie Gelassenheit entwickeln

ISBN 978-3-95803-043-5

STEFANIE CARLA SCHÄFER

SELBSTLIEBE MACHT stark
So schließen Sie Freundschaft mit sich selbst

ISBN 978-3-95803-045-9

Alle Bände:
96 Seiten,
Klappenbroschur,
Durchgehend
vierfarbig mit
zahlreichen Fotos
und Illustrationen